모국어가
공부의
열쇠다

모공열

1단계

이 책을 만든 사람들

지은이
정도상 서울대 언어학 박사

공동 참여자
김태훈 고려대학교 언어학과 재
강서연 서울대학교 언어학과 재
김정현 가톨릭대학교 철학과 졸

도움을 주신 분들

양미자 능내초 교장 선생님	이인순 판교초 교장 선생님
황미동 범박고 교장 선생님	공영숙 부안초 교감 선생님
박동희 부천고 국어 선생님	이선영 영산초 선생님
이소영 삼성초 선생님	이태정 인디스쿨 대표

모국어가 공부의 열쇠다
1단계

초판 1쇄 발행 2015년 4월 15일
초판 7쇄 발행 2023년 2월 6일

펴낸이 정도상
펴낸곳 ㈜언어과학
디자인 김현진
삽화 오재우·손혜주
영업 장원철·김종수
홈페이지 www.mogong10.com
주소 경기도 안양시 동안구 흥안대로 427번길 38(관양동) 성지스타위드 1302호
전화 031-345-6450
팩스 031-345-6455
출판등록 2003년 12월 2일 제320-2003-69호
인쇄처 한영문화사

ISBN 978-89-92420-17-4
ISBN 978-89-92420-16-7 (세트)

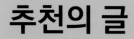

창의적 사고력을 키우는 책

아이가 미래에 공부를 잘해서 성공하려면 논리적, 분석적, 창의적 사고력이 있어야 한다는 말을 참 많이 들었다. 그런데 어떻게 이러한 사고력을 키워야 할지 방법을 몰랐다. 그래서 아이가 독서를 많이 할 수 있는 환경을 조성해 주었다. 그렇지만 아이가 초등학교 2년 동안 많은 책을 읽었지만 그러한 사고력을 길렀다는 생각이 들지 않는다. 이 책을 보면서 어떻게 학습을 해야 아이의 사고력을 키워야 할지 그 해답을 찾게 되었다. 대립 개념 중심의 모국어 교육! 이것이 해답이었다.

– 백문초 3학년 **이우제 엄마**

대립을 통한 모국어 능력과 사고력 향상

아이가 초등학교 저학년 때에는 다양하고 즐거운 체험을 통해 정보를 습득하는 방식이 바람직하다고 생각했고, 마침 아이가 다니던 혁신초등학교의 교육 방식이 이러한 바람을 충족시켜 주었다. 그러나 아이가 4학년에 올라가면서, 어떻게 하면 아이가 학습에 흥미를 잃게 하지 않으면서도 장기적으로는 아이의 사고력을 키워줄 수 있을 것인지에 대한 고민이 생겨났다.

많은 사람들이 국어와 독서 습관에 답이 있다고는 하지만, 그저 막연히 책을 많이 읽는 것이 아이의 분석적인 사고를 키우는 데 도움이 될 것 같지는 않았다. 한자 학습지를 시켜봐도 아이는 금방 흥미를 잃었다. 마침 이 책이 나의 그러한 고민을 해결해주었다. 한자를 달달 외우기보다는, 꼭 알아야 하는 한자어와 그의 대립 어휘들, 각각의 단어들이 왜 그렇게 쓰이는지에 대한 자세한 설명을 보며, 국어 능력뿐 아니라 생각하는 능력도 함께 쑥쑥 자라나리라 믿어 의심치 않는다. 이 책이 우리나라 학생들의 국어 및 사고력 신장에 도움이 되길 기대하며, 또한 우리 아이가 스스로 흥미를 가지고 학습하기를 기대해본다.

– 중앙대 부속초 4학년 **이승원 엄마**

학부모에게 드리는 편지

나는 왜 이 책을 썼을까?

대학 졸업을 앞두고 있는 아이를 키우면서 늘 아쉬웠던 것이 있었습니다. 초등학교 시절부터 모국어 어휘 교육과 글쓰기 교육을 하지 않았다는 점입니다. 사실 어린 시절에는 한자 교육이 필요도 없고, 한자를 배울 수 없다고 판단했습니다. 초등학생이 일상생활에서 사용하는 다음과 같은 낱말의 한자를 익히는 것은 거의 불가능해 보였습니다. 나스스로도 아래의 한자를 쉽게 쓸 수 없었기 때문입니다.

교실(敎室) 학교(學校) 학용품(學用品) 동화(童話) 동물(動物) 식물(植物) 운동장(運動場)
체육(體育) 음악(音樂) 미술(美術) 수학(數學) 국어(國語) 학습(學習) 희생(犧牲)
체험(體驗) 활동(活動) 겸손(謙遜) 계속(繼續) 과목(科目) 안경(眼鏡) 숙제(宿題)

초등학교 시절에 어휘 교육을 소홀히 한 결과는 고등학교에 가서 나타나기 시작했습니다. 국어 학습은 물론 국사, 사회, 수학, 심지어 영어 학습에서도 빈약한 어휘 지식으로 어려움을 겪었습니다. 결국 고등학교 1학년 말에 영어 단어를 암기하듯이 어려운 한국어 단어를 암기하는 방법을 택했습니다.

과도기(過渡期) 무문토기(無文土器) 표의문자(表意文字) 두괄식(頭括式) 청렴(淸廉)
전성기(全盛期) 승낙(承諾) 연속함수(連續函數) 부식(腐蝕) 직관(直觀) 체득(體得)

고등학교에서의 한국어 어휘 암기로 수학능력시험까지는 큰 문제가 없었습니다. 그런데 대입논술시험에서 글쓰기라는 새로운 문제에 직면했지요. 한 달 이상의 글쓰기 훈련을 거쳐서 겨우겨우 시험을 통과하기는 했지만 어린 시절의 모국어 교육이 얼마나 중요한가를 뼈저리게 경험했던 아픈 기억입니다.

다시 아이의 모국어 교육을 한다면?

초등학생 아이에게 다시 모국어 교육을 시킨다면 〈모국어가 공부의 열쇠다〉의 방법을 택할 것입니다. 아이에게 다시 모국어 교육을 시킨다고 해도 여전히 한자를 가르칠 생각이 들지 않습니다. 복잡한 한자를 스무 번씩 쓰면서 글자를 익히라고 하지 않을 것입니다. 그렇다고 일이(一二), 상하(上下), 부모(父母), 대소(大小), 자기(自己)처럼 간단한 한자부터 가르칠 생각도 없습니다. 몇 개의 간단한 한자에 대한 지식이 한국어 어휘 능력 향상에 미치는 영향은 제한적이기 때문입니다.

〈모국어가 공부의 열쇠다〉가 지향하고 있는 방법은 한자가 아니라 한자어의 교육입니다. 아이들이 사용하는 언어에는 매우 복잡한 한자들이 포함되어 있습니다. 모국어 교육의 핵심은 한자를 쓰지 못해도 아이들이 동화(童話)와 동물(動物)이 한자에서 만들어졌고, 두 낱말의 같은 소리에 서로 다른 한자가 쓰였음을 아는 것입니다. 한자를 열 번씩 쓰는 것보다 중요한 것은 우리말의 한자어에 대한 지식입니다.

우리는 일반적으로 모국어는 학습하지 않아도 자연스럽게 모든 것을 습득하는 것으로 알고 있습니다. 그렇지만 유아들은 모국어를 습득하기 위해서 엄청난 집중을 합니다. 왜냐하면 하나하나의 단어를 익히기 위해서는 매우 복잡한 논리적 추론이 필요하기 때문이지요. 3세의 아이들이 '나무'의 의미를 정확하게 파악하는 일은 쉽지 않습니다. 주변 사람들이 소나무, 밤나무, 참나무, 작은 나무, 큰 나무라고 하는 말을 들으면서 나무가 가진 본질적인 의미를 스스로 파악해 내야 하기 때문입니다. 아이들은 이렇게 한 단어씩 소리와 의미를 연결하는 매우 복잡한 사고 과정을 거쳐서 어휘를 습득합니다. 이미 알고 있는 모국어의 단어를 대체하는 외국어 학습 과정과 근본적으로 다릅니다.

초등학생, 중학생의 모국어 학습에는 아이들이 처음으로 모국어를 습득할 때와 같은 정도의 집중력이 필요하지 않습니다. 그렇지만 한자어가 많은 한국어의 특수성으로 인해 학생들이 엄청난 고통을 겪을 수 있습니다. 그것은 바로 아이들이 앞에서 제시했던 복잡한 한자를 쓰려고 욕심을 부릴 때입니다. 우리는 한자와 한자어를 명확하게 구별해서 아이들의 모국어 교육을 해야 합니다. 초등학생, 중학생이 학습해야 할 것은 한자가 아니라 한자어입니다.

모국어가 공부의 열쇠일까?

〈모국어가 공부의 열쇠다〉는 대립 개념 중심의 학습을 지향하고 있습니다. 대립 한자를 출발점으로 우리말에서 대립하는 한자어를 학습합니다. 한자에 대한 지식을 최대한 활용하기 위함입니다. 또한 같은 소리 다른 한자를 동시에 학습함으로써 한자어를 제대로 파악할 수 있는 능력을 기를 수 있도록 책을 구성했습니다. 대립 중심의 어휘 학습은 논리적 사고력을 향상시킬 수 있는 가장 적합한 학습 방식입니다. 대립 어휘의 공통점과 차이점을 찾아내고, 소리는 같지만 의미가 다른 어휘를 구별하는 분석적 사고력도 키울 수 있습니다.

〈모국어가 공부의 열쇠다〉의 최종적인 목표는 창의적 사고력과 이에 기반한 논리적인 글쓰기 능력의 향상입니다. 이 궁극적인 목표에 도달하기 위해서는 모국어의 어휘 기반이 탄탄해야 합니다. 또한 그 어휘들이 체계적, 논리적으로 짜임새를 가지고 뇌에 저장되어 있어야 창의적인 글쓰기가 가능합니다. 글로벌 시대에도 모국어 중심의 창의적 사고를 하는 사람이 리더가 될 수 있습니다. 우리 아이들의 모국어는 한국어입니다.

고맙습니다.

2015년 3월 **정도상** 올림

나는 창의적 인재가 되기 위해
〈모국어가 공부의 열쇠다〉로 학습한다

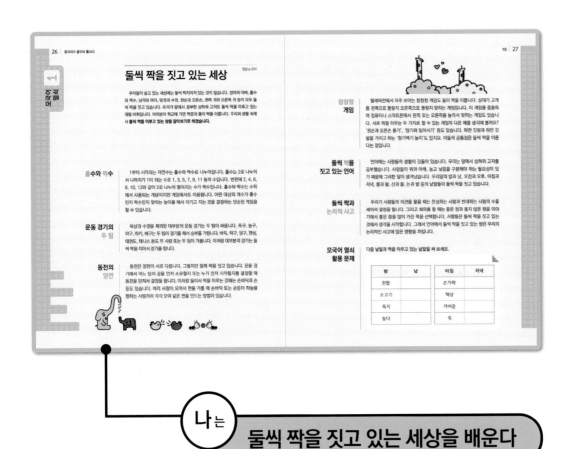

나는 **둘씩 짝을 짓고 있는 세상을 배운다**

세상에는 둘씩 짝을 짓고 있는 것이 많습니다.
공통점과 차이점을 지닌 짝을 이루는 두 쌍이 대립합니다.

둘씩 짝을 짓고 대립하는 말입니다. 언어에는 세상이 담겨 있습니다.

밤과 낮	엄마와 아빠	왼손과 오른손	위와 아래
아이와 어른	홀수와 짝수	청군과 백군	동쪽과 서쪽
아침과 저녁	남자와 여자	손가락과 발가락	새 것과 낡은 것
산과 들	암컷과 수컷	논과 밭	검정과 하양

나는 동서(東西)와 '아이' 동(童), '글' 서(書)를 함께 배운다

동서를 배우고 같은 소리 다른 한자도 함께 배웁니다.

자주 쓰는 낱말이 서로 다른 한자에서 만들어졌음을 알게 됩니다.

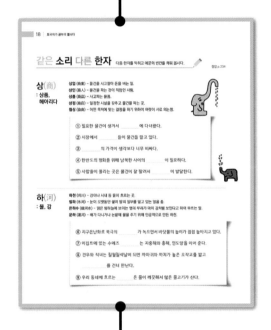

동쪽의 동(東)	동해, 동양, 동부, 동양화, 동풍, 동해안
아이의 동(童)	아동, 동화, 동요, 동시, 동심, 목동, 아동복
서쪽의 서(西)	서해, 서양, 서부, 서양화, 서풍, 서해안
글의 서(書)	교과서, 서점, 도서관, 서예, 서적, 고서

나는 한자가 아니라 한자어를 학습한다

이제 더 이상 복잡한 한자를 20번씩 쓰지 않아도 됩니다.

대립하는 한자 두 개만 알면 10개 이상의 대립 어휘를 알게 됩니다.

두 개의 한자 상하(上下)로 10개가 넘는 대립 어휘를 알 수 있습니다.

지상	지하	상승	하강
상급	하급	상층 계급	하층 계급
상류	하류	이상	이하
상수도	하수도	상체 운동	하체 운동
상급생	하급생	상순	하순

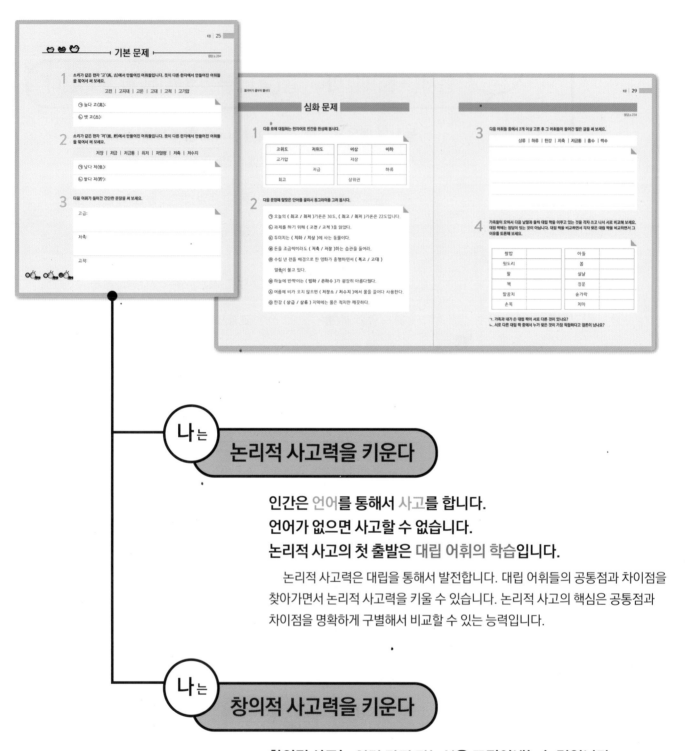

나는 논리적 사고력을 키운다

인간은 언어를 통해서 사고를 합니다.
언어가 없으면 사고할 수 없습니다.
논리적 사고의 첫 출발은 대립 어휘의 학습입니다.

논리적 사고력은 대립을 통해서 발전합니다. 대립 어휘들의 공통점과 차이점을 찾아가면서 논리적 사고력을 키울 수 있습니다. 논리적 사고의 핵심은 공통점과 차이점을 명확하게 구별해서 비교할 수 있는 능력입니다.

나는 창의적 사고력을 키운다

창의적 사고는 여러 가지 가능성을 끄집어내는 능력입니다.
창의적 사고는 다양한 가능성 중에서 최선을 찾아내는 능력입니다.

다양한 가능성을 끄집어내고 그 중에서 최선을 찾아내는 창의적 사고는 모국어의 대립 개념에서 출발합니다. 아빠와 엄마의 대립 짝을 파악할 수 있어야 아빠와 아들, 아빠와 딸, 엄마와 아들, 엄마와 딸의 대립 관계도 정확히 파악할 수 있습니다.

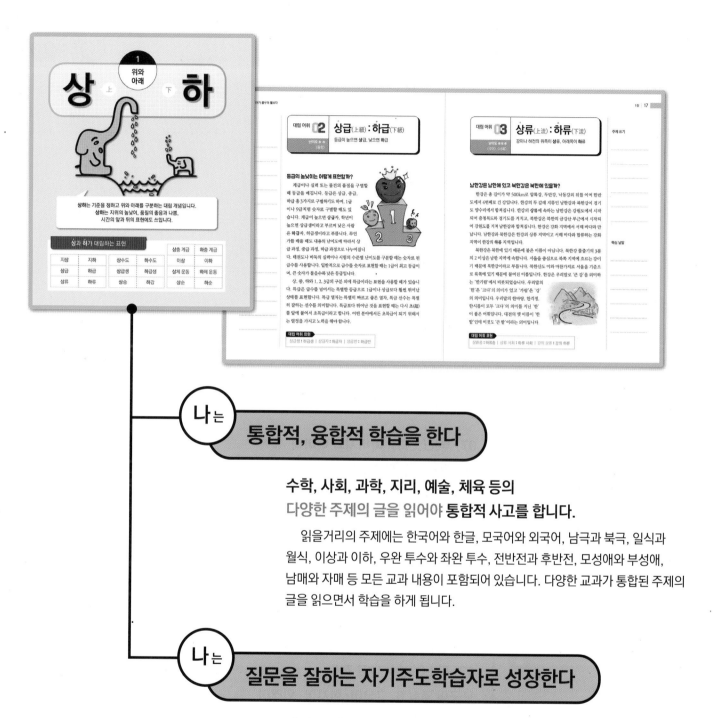

나는 통합적, 융합적 학습을 한다

**수학, 사회, 과학, 지리, 예술, 체육 등의
다양한 주제의 글을 읽어야 통합적 사고를 합니다.**

읽을거리의 주제에는 한국어와 한글, 모국어와 외국어, 남극과 북극, 일식과
월식, 이상과 이하, 우완 투수와 좌완 투수, 전반전과 후반전, 모성애와 부성애,
남매와 자매 등 모든 교과 내용이 포함되어 있습니다. 다양한 교과가 통합된 주제의
글을 읽으면서 학습을 하게 됩니다.

나는 질문을 잘하는 자기주도학습자로 성장한다

**자기주도학습자는 질문을 잘하는 사람입니다.
지식과 정보를 단순히 암기하는 것이 아니라
질문을 잘하는 사람이 자기주도학습자로 성장합니다.**

질문은 학습의 근본입니다. 읽을거리는 질문으로 시작합니다. '왜 일주일은
7일일까?', '북극곰과 펭귄은 왜 만날 수 없을까?', '국토 면적이 크다고
강대국일까?', '한국어와 한글은 무엇이 다를까?' 등 다양한 주제와 질문 형식의
읽을거리는 자기주도적 학습의 기틀을 마련해 줄 것입니다.

목 차

학습할 내용

1. 상하(上下): 위와 아래

대립 어휘 01. 이상(以上) : 이하(以下)
대립 어휘 02. 상급(上級) : 하급(下級)
대립 어휘 03. 상류(上流) : 하류(下流)

같은 소리 다른 한자

상(商) "상품, 헤아리다"
상업(商業) / 상인(商人) / 상품(商品) / 상점(商店) / 협상(協商)
하(河) "물, 강"
하천(河川) / 빙하(氷河) / 은하수(銀河水) / 운하(運河)

2. 고저(高低): 높음과 낮음

대립 어휘 04. 최고(最高) : 최저(最低)
대립 어휘 05. 고급(高級) : 저급(低級)
대립 어휘 06. 고열량(高熱量) : 저열량(低熱量)

같은 소리 다른 한자

고(古) "옛"
고대(古代) / 고전(古典) / 복고(復古) / 고적(古跡)
저(貯) "쌓다"
저축(貯蓄) / 저장(貯藏) / 저수지(貯水池) / 저금통(貯金筒)

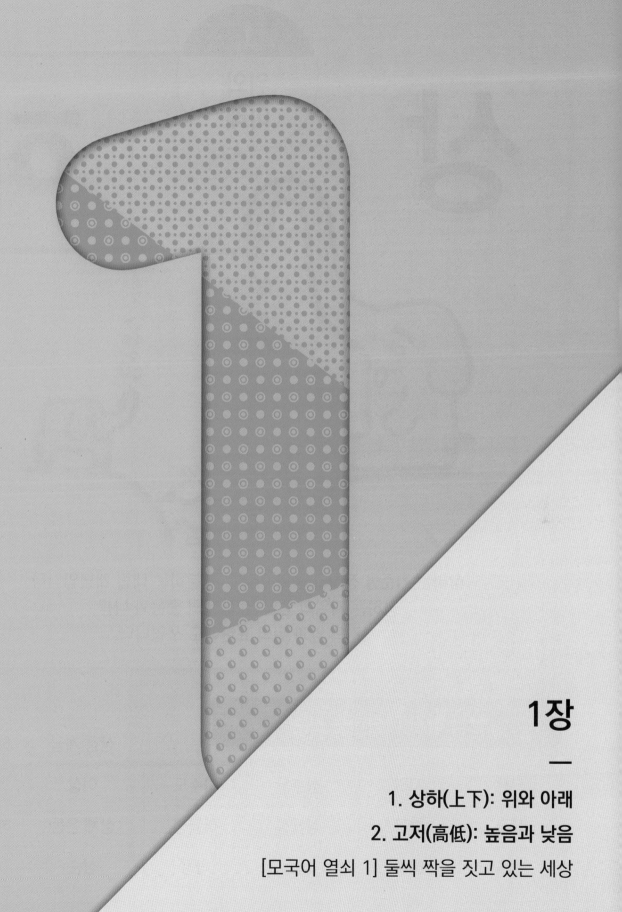

1장

—

상 上 1 위와 아래 下 하

상하는 기준을 정하고 위와 아래를 구분하는 대립 개념입니다.
상하는 지위의 높낮이, 품질의 좋음과 나쁨,
시간의 앞과 뒤의 표현에도 쓰입니다.

상과 하가 대립하는 표현

지상	지하	상수도	하수도	상층 계급	하층 계급
상급	하급	상급생	하급생	이상	이하
상류	하류	상승	하강	상체 운동	하체 운동
				상순	하순

대립 어휘 01

난이도 ＊＊
〈수학〉

이상(以上) : 이하(以下)

기준보다 많거나 나음이 이**상**,
기준보다 적거나 못함이 이**하**

주제 쓰기

5 이상과 이하의 숫자에 5는 포함될까?

수학 1부터 9까지 자연수에서 5 **이상**의 수는 5, 6, 7, 8, 9이고, 5 **이하**의 수는 1, 2, 3, 4, 5입니다. 5를 기준으로 이상과 이하를 나누었지만 숫자 5는 양쪽에 모두 포함됩니다. 이처럼 이상과 이하는 기준을 포함하는 개념입니다. 수학에서 기준을 포함하지 않는 작은 수에는 '미만'을 사용합니다. 5 미만의 숫자는 1, 2, 3, 4입니다. 이것은 5보다 작은 수와 같은 뜻입니다. 5보다 큰 수인 6, 7, 8, 9는 5를 초과하는 수라고도 합니다.

이상과 이하는 숫자에 주로 사용되지만 강도, 무게, 수준, 순서 등에서도 사용됩니다. 예를 들면 "공기 중의 물방울이 더 이상 무게를 견디지 못하고 지구로 떨어지는 것이 비입니다.", "심판이 더 이상 경기를 진행할 수 없다고 판단하여 경기를 중단시켰습니다.", "일정 수준 이하의 작품은 전시를 할 수 없습니다.", "오늘 본 공연은 예상했던 것 이상도 이하도 아니었다."와 같은 표현에서 쓰입니다. 여러분이 부모님의 기대 이상으로 잘하고 있는 것에는 무엇이 있을까요?

핵심 낱말

대립 어휘 표현

기준 이상 : 기준 이하 | 수준 이상 : 수준 이하 | 10인 이상 : 10인 이하

주제 쓰기

대립 어휘 02

난이도 ✱ ✱
〈통합〉

상급(上級) : 하급(下級)

등급이 높으면 **상급**, 낮으면 **하급**

등급의 높낮이는 어떻게 표현할까?

계급이나 실력 또는 물건의 품질을 구별할 때 등급을 매깁니다. 등급은 상급, 중급, 하급 총 3가지로 구별하기도 하며, 1급이나 9급처럼 숫자로 구별할 때도 있습니다. 계급이 높으면 **상급**자, 학년이 높으면 상급생이라고 부르며 낮은 사람은 **하급**자, 하급생이라고 부릅니다. 무언가를 배울 때도 내용의 난이도에 따라서 상급 과정, 중급 과정, 하급 과정으로 나누어집니

다. 태권도나 바둑의 실력이나 시험의 수준별 난이도를 구분할 때는 숫자로 된 급수를 사용합니다. 일반적으로 급수를 숫자로 표현할 때는 1급이 최고 등급이며, 큰 숫자가 붙을수록 낮은 등급입니다.

상, 중, 하와 1, 2, 3급의 구분 외에 특급이라는 표현을 사용할 때가 있습니다. 특급은 급수를 넘어서는 특별한 등급으로 1급이나 상급보다 훨씬 뛰어난 상태를 표현합니다. 특급 호텔은 특별히 시설이 좋은 호텔, 특급 선수는 특별히 잘하는 선수를 의미합니다. 특급보다 뛰어난 것을 표현할 때는 다시 초(超)를 앞에 붙여서 초특급이라고 합니다. 어떤 분야에서든 초특급이 되기 위해서는 열정을 가지고 노력을 해야 합니다.

핵심 낱말

대립 어휘 표현

상급생 : 하급생 | 상급자 : 하급자 | 상급반 : 하급반

대립 어휘 03

난이도 ✱✱✱
〈국어〉, 〈사회〉

상류(上流) : 하류(下流)

강이나 내의 위쪽이 **상류**,
아래쪽이 **하류**

남한강은 남한에 있고 북한강은 북한에 있을까?

　한강은 총 길이가 약 500km로 압록강, 두만강, 낙동강의 뒤를 이어 한반도에서 4번째로 긴 강입니다. 한강의 두 갈래 지류인 남한강과 북한강이 경기도 양수리에서 합쳐집니다. 한강의 **상류**에 속하는 남한강은 강원도에서 시작되어 충청북도와 경기도를 거치고, 북한강은 북한의 금강산 부근에서 시작되어 강원도를 거쳐 남한강과 합쳐집니다. 한강은 강화 지역에서 서해 바다와 만납니다. 남한강과 북한강은 한강의 상류 지역이고 서해 바다와 합류하는 강화 지역이 한강의 **하류** 지역입니다.

　북한강은 북한에 있기 때문에 붙은 이름이 아닙니다. 북한강 물줄기의 3분의 2 이상은 남한 지역에 속합니다. 서울을 중심으로 북쪽 지역에 흐르는 강이기 때문에 북한강이라고 부릅니다. 북한산도 이와 마찬가지로 서울을 기준으로 북쪽에 있기 때문에 붙여진 이름입니다. 한강은 우리말로 '큰 강'을 의미하는 '한가람'에서 비롯되었습니다. 우리말의 '한'은 '크다'의 의미가 있고 '가람'은 '강'의 의미입니다. 우리말의 한바탕, 한걱정, 한시름이 모두 '크다'의 의미를 지닌 '한'이 붙은 어휘입니다. 대전의 옛 이름이 '한밭'인데 이것도 '큰 밭'이라는 의미입니다.

대립 어휘 표현

상류층 : **하류층** | 상류 사회 : **하류 사회** | 강의 상류 : **강의 하류**

같은 **소리** 다른 **한자** 다음 한자를 익히고 예문의 빈칸을 채워 봅시다.

정답 p.234

상(商)
: 상품,
　헤아리다

상업 (商業) – 물건을 사고팔아 돈을 버는 일.
상인 (商人) – 물건을 파는 것이 직업인 사람.
상품 (商品) – 사고파는 물품.
상점 (商店) – 일정한 시설을 갖추고 물건을 파는 곳.
협상 (協商) – 어떤 목적에 맞는 결정을 하기 위하여 여럿이 서로 의논함.

① 필요한 물건이 생겨서 _____ 에 다녀왔다.

② 시장에서 _____ 들이 물건을 팔고 있다.

③ _____ 의 가격이 생각보다 너무 비싸다.

④ 한반도의 평화를 위해 남북한 사이의 _____ 이 필요하다.

⑤ 사람들이 몰리는 곳은 물건이 잘 팔려서 _____ 이 발달한다.

하(河)
: 물, 강

하천 (河川) – 강이나 시내 등 물이 흐르는 곳.
빙하 (氷河) – 눈이 오랫동안 쌓여 땅의 일부를 덮고 있는 얼음층.
은하수 (銀河水) – 맑은 밤하늘에 보이는 별의 무리가 마치 강처럼 보인다고 하여 부르는 말.
운하 (運河) – 배가 다니거나 논밭에 물을 주기 위해 인공적으로 만든 하천.

⑥ 지구 온난화로 북극의 _____ 가 녹으면서 바닷물의 높이가 점점 높아지고 있다.

⑦ 이집트에 있는 수에즈 _____ 는 지중해와 홍해, 인도양을 이어 준다.

⑧ 견우와 직녀는 칠월 칠석날이 되면 까마귀와 까치가 놓은 오작교를 밟고
_____ 를 건너 만난다.

⑨ 우리 동네에 흐르는 _____ 은 물이 깨끗해서 많은 물고기가 산다.

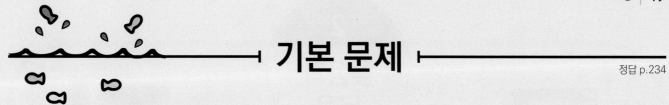

1 다음은 소리가 같은 한자 '상'(上, 商)에서 만들어진 어휘들입니다. 뜻이 다른 한자에서 만들어진 어휘들을 묶어서 써 보세요.

상급 | 상인 | 상류 | 이상 | 상품 | 상점

㉠ 위 상(上):

㉡ 상품 상(商):

2 다음은 소리가 같은 한자 '하'(下, 河)에서 만들어진 어휘들입니다. 뜻이 다른 한자에서 만들어진 어휘들을 묶어서 써 보세요.

은하수 | 하급 | 운하 | 하수도 | 하체 | 하류 | 빙하

㉠ 물 하(河):

㉡ 아래 하(下):

3 다음 어휘가 들어간 간단한 문장을 써 보세요.

지하:

이상:

상품:

고 高 低 저

고저는 위치의 높고 낮음을 표현하는 대립 개념입니다.
상하와 달리 **고저**는 높이, 속도, 압력, 온도, 임금 등의
높낮이에도 쓰입니다.

고와 저가 대립하는 표현

최고	최저	고급	저급	**고**혈압 환자	**저**혈압 환자
고기압	**저**기압	고온	**저**온	**고**열량 식품	**저**열량 식품
고지대	**저**지대	**고**층 빌딩	**저**층 빌딩	**고**자세	**저**자세
				고임금	**저**임금

대립 어휘 **04**	# 최고(最高) : 최저(最低)
난이도 ✱✱ 〈과학〉	가장 높으면 최**고**, 가장 낮으면 최**저**

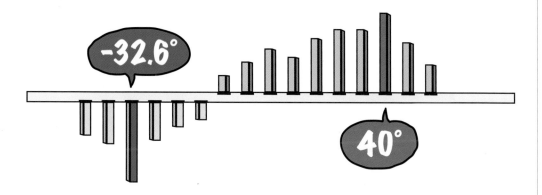

우리나라에서 최고기온과 최저기온은 몇 도였을까?

다음은 일기예보의 내용입니다. "오늘 밤에는 서해안을 시작으로 비가 내리겠고 내일 오전에는 비가 전국적으로 확대되겠습니다. 내일 아침 서울의 최저기온은 4도로 어제보다 2도 낮겠고 최고기온은 12도로 어제와 같겠습니다."

우리나라의 날씨에 관한 내용은 기상청에서 기록합니다. 기상청에 기록된 우리나라 역대 **최고** 온도는 1942년 8월 1일 대구의 40도, **최저** 온도는 1981년 1월 5일 경기도 양평의 영하 32.6도였습니다. 1997년 1월 2일 북한에서는 백두산 천지의 기온이 영하 51도였는데, 이는 남극의 온도와 거의 비슷한 수준입니다. 온도를 말할 때 사용하는 영상은 0도보다 높은 온도, 영하는 0도보다 낮은 온도입니다. 기온 0도는 물이 얼어 얼음이 되기 시작하는 온도입니다. 영하 3도의 날씨지만 해가 뜨지 않고 바람이 몹시 부는 날에는 사람들이 영하 10도의 날씨처럼 느낄 수 있습니다. 이것을 체감 온도라고 합니다. 온도계에 기록되는 온도와 사람의 몸이 느끼는 체감 온도는 다를 수 있습니다.

대립 어휘 표현

최고기온 : **최저기온** | 최고기록 : **최저기록** | 최고점 : **최저점**

대립 어휘 **05**

난이도 ✲✲
〈국어〉

고급(高級) : 저급(低級)

높은 등급이 **고급**, 낮은 등급이 **저급**

왜 저급이란 단어는 많이 쓰지 않을까?

우리는 고급스러운 제품, 고급 주택, 고급 과정이라는 말은 많이 쓰지만 저급 제품, 저급 주택, 저급 과정이라는 말은 사용하지 않습니다. **고급**이 품질이 좋고 값이 비싼 것이면 그에 대립하는 품질이 낮고 값이 싼 것이 **저급**이어야 하지요. 그렇지만 우리는 이러한 것에 저급보다는 '보통, 평범한, 일반' 등의 말을 사용합니다. 그래서 고급 제품과 고급 주택에 대립하는 용어는 보통 제품, 일반 주택이 됩니다. 그렇지만 고속버스는 일반 고속과 우등 고속, 열차는 보통 열차와 우등 열차로 구분을 합니다.

우리말의 저급이라는 단어에는 '좋지 않은 것, 바람직하지 않은 것'이라는 뜻이 포함되어 있습니다. 그래서 '저급한 문화', '저급한 표현'에는 비난의 의미가 담겨 있습니다. 이 때문에 실제로 고급과 대비하여 자주 쓰이는 대립 어휘는 저급이 아니라 '보통, 평균, 일반'입니다.

대립 어휘 표현

고급 문화 : 저급 문화 | 고급 재료 : 저급 재료 | 고급 표현 : 저급 표현

대립 어휘 **06**

난이도 ✱✱
〈과학〉

고열량(高熱量) : 저열량(低熱量)

열 에너지가 높으면 **고열량**, 낮으면 **저열량**

고열량 음식과 저열량 음식에는 어떤 것이 있을까?

에너지는 힘을 뜻합니다. 자동차가 움직이는 힘도, 인간이 활동하는 힘도 에너지입니다. 자동차는 휘발유가 타면서 내는 열에너지로 움직이고, 사람은 음식물을 소화시키면서 내는 열에너지로 움직입니다. 열량은 열에너지의 양이고 단위는 칼로리로 표시합니다. 칼로리가 높은 음식이 **고열량** 식품인데, 기름에 튀긴 음식, 햄버거, 피자, 치킨, 탄산음료, 과자 등이 이에 속합니다.

고열량 음식을 먹으면 그 열량만큼 운동을 해서 열에너지를 소비해야 살이 찌지 않습니다. 많이 먹기만 하고 운동을 하지 않으면 몸에 열에너지가 쌓여서 살이 찌게 되지요. 우리는 고열량 음식보다는 저열량 음식을 먹고 적당한 운동을 해야 살이 찌지 않고 건강하게 살 수 있습니다. 과일과 채소 등이 **저열량** 음식에 속합니다. 건강하고 튼튼하게 성장하기 위해서는 적당한 양의 음식 섭취와 운동이 매우 중요합니다.

대립 어휘 표현

고열량 음식 : 저열량 음식 | 고열량 피자 : 저열량 야채 | 고열량 밀가루 : 저열량 현미

같은 **소리** 다른 **한자**

다음 한자를 익히고 예문의 빈칸을 채워 봅시다.

정답 p.234

고(古)
: 옛

고대 (古代) – 옛날 시대.
고전 (古典) – 오랫동안 많은 사람에게 널리 읽히고 모범이 될 만한 작품.
복고 (復古) – 과거의 제도, 풍습 등으로 돌아감.
고금 (古今) – 예전과 지금.
고적 (古跡) – 옛날의 문화나 모습을 보여주는 건물이나 장소.

① 동서_____을 막론하고 국가의 미래는 교육에 달려 있다.

② 그 책은 높은 가치를 인정받아 _____으로 꼽힌다.

③ 옛날 방식을 다시 따르려는 _____풍이 유행이다.

④ 신화나 전설은 _____ 사람들의 세계관을 반영하고 있다.

⑤ 우리 동아리에서 여름 방학에 _____을 탐사하기로 했다.

저(貯)
: 쌓다

저축 (貯蓄) – 벌어들인 것을 쓰지 않고 아껴서 모아 둠.
저장 (貯藏) – 나중에 쓸 수 있도록 물건이나 기록 등을 모아 둠.
저수지 (貯水池) – 물을 저장하게 만든 큰 연못.
저금통 (貯金筒) – 주로 동전을 모으는 데 쓰는 조그마한 통.

⑥ 동전이 생길 때마다 _____에 넣었더니 돈이 꽤 많이 모였다.

⑦ 컴퓨터로 문서를 쓸 때는 자주 _____을 해 두어야 한다.

⑧ 설날에 받은 세뱃돈을 모두 _____해 두었다.

⑨ 아버지께서는 어제 낚시를 하러 _____에 가셨다.

기본 문제

정답 p.234

1 다음은 소리가 같은 한자 '고'(高, 古)에서 만들어진 어휘들입니다. 뜻이 다른 한자에서 만들어진 어휘들을 묶어서 써 보세요.

고전 | 고지대 | 고온 | 고대 | 고적 | 고기압

ㄱ 높다 고(高):

ㄴ 옛 고(古):

2 다음은 소리가 같은 한자 '저'(低, 貯)에서 만들어진 어휘들입니다. 뜻이 다른 한자에서 만들어진 어휘들을 묶어서 써 보세요.

저장 | 저급 | 저금통 | 최저 | 저열량 | 저축 | 저수지

ㄱ 낮다 저(低):

ㄴ 쌓다 저(貯):

3 다음 어휘가 들어간 간단한 문장을 써 보세요.

고급:

저축:

고적:

정답 p.234

둘씩 짝을 짓고 있는 세상

우리들이 살고 있는 세상에는 둘씩 짝지어져 있는 것이 많습니다. 엄마와 아빠, 홀수와 짝수, 남자와 여자, 암컷과 수컷, 왼손과 오른손, 왼쪽 귀와 오른쪽 귀 등이 모두 둘씩 짝을 짓고 있습니다. 우리가 앞에서 공부한 상하와 고저도 둘씩 짝을 이루고 있는 대립 어휘입니다. 여러분이 학교에 가면 짝꿍과 둘이 짝을 이룹니다. 우리의 생활 속에서 **둘씩 짝을 이루고 있는 쌍을 알아보기로 하겠습니다.**

홀수와 짝수

1부터 시작되는 자연수는 홀수와 짝수로 나누어집니다. 홀수는 2로 나누어서 나머지가 1이 되는 수로 1, 3, 5, 7, 9, 11 등의 수입니다. 반면에 2, 4, 6, 8, 10, 12와 같이 2로 나누어 떨어지는 수가 짝수입니다. 홀수와 짝수는 수학에서 사용되는 개념이지만 게임에서도 이용됩니다. 어떤 대상의 개수가 홀수인지 짝수인지 맞히는 놀이를 해서 이기고 지는 것을 결정하는 단순한 게임을 할 수 있습니다.

**운동 경기의
두 팀**

육상과 수영을 제외한 대부분의 운동 경기는 두 팀이 싸웁니다. 축구, 농구, 야구, 하키, 배구는 두 팀이 경기를 해서 승부를 가립니다. 바둑, 탁구, 당구, 펜싱, 태권도, 테니스 등도 두 사람 또는 두 팀이 겨룹니다. 이처럼 대부분의 경기는 둘씩 짝을 지어서 경기를 합니다.

**동전의
양면**

동전은 양면이 서로 다릅니다. 그렇지만 함께 짝을 짓고 있습니다. 운동 경기에서 어느 팀이 공을 먼저 소유할지 또는 누가 먼저 시작할지를 결정할 때 동전을 던져서 결정을 합니다. 이처럼 둘이서 짝을 이루는 것에는 손바닥과 손등도 있습니다. 여러 사람이 모여서 편을 가를 때 손바닥 또는 손등이 하늘을 향하는 사람끼리 각각 모여 같은 편을 만드는 방법이 있습니다.

참참참 게임

텔레비전에서 자주 보이는 참참참 게임도 둘이 짝을 이룹니다. 상대가 고개를 왼쪽으로 돌릴지 오른쪽으로 돌릴지 맞히는 게임입니다. 이 게임을 응용하여 컴퓨터나 스마트폰에서 왼쪽 또는 오른쪽을 눌러서 맞히는 게임도 있습니다. 서로 짝을 이루는 두 가지로 할 수 있는 게임의 다른 예를 생각해 볼까요? '왼손과 오른손 들기', '앉기와 일어서기' 등도 있습니다. 파란 깃발과 하얀 깃발을 가지고 하는 '청기백기 놀이'도 있지요. 이들의 공통점은 둘씩 짝을 이룬다는 점입니다.

둘씩 짝을 짓고 있는 언어

언어에는 사람들의 생활이 깃들어 있습니다. 우리는 앞에서 상하와 고저를 공부했습니다. 사람들이 위와 아래, 높고 낮음을 구분해야 하는 필요성이 있기 때문에 그러한 말이 생겨났습니다. 우리말의 밤과 낮, 오전과 오후, 아침과 저녁, 물과 불, 산과 들, 논과 밭 등의 낱말들이 둘씩 짝을 짓고 있습니다.

둘씩 짝과 논리적 사고

우리가 사람들의 의견을 물을 때는 찬성하는 사람과 반대하는 사람의 수를 세어서 결정을 합니다. 그리고 회의를 할 때는 좋은 점과 좋지 않은 점을 이야기해서 좋은 점을 많이 가진 쪽을 선택합니다. 사람들은 둘씩 짝을 짓고 있는 것에서 생각을 시작합니다. 그래서 언어에서 둘씩 짝을 짓고 있는 쌍은 우리의 논리적인 사고에 많은 영향을 끼칩니다.

모국어 열쇠 활용 문제

다음 낱말과 짝을 이루고 있는 낱말을 써 보세요.

밤	낮
왼팔	
소고기	
육지	
높다	

아침	저녁
손가락	
책상	
가벼운	
죽	

심화 문제

1 다음 표에 대립하는 한자어로 빈칸을 완성해 봅시다.

고위도	저위도		이상	이하
고기압			지상	
	저급			하류
최고			상위권	

2 다음 문장에 알맞은 단어를 골라서 동그라미를 그려 봅시다.

㉠ 오늘의 (최고 / 최저)기온은 30도, (최고 / 최저)기온은 22도입니다.

㉡ 과제를 하기 위해 (고전 / 고적)을 읽었다.

㉢ 두더지는 (지하 / 지상)에 사는 동물이다.

㉣ 돈을 조금씩이라도 (저축 / 저장)하는 습관을 들여라.

㉤ 수십 년 전을 배경으로 한 영화가 흥행하면서 (복고 / 고대)

열풍이 불고 있다.

㉥ 하늘에 반짝이는 (빙하 / 은하수)가 굉장히 아름다웠다.

㉦ 여름에 비가 오지 않으면 (저장소 / 저수지)에서 물을 끌어다 사용한다.

㉧ 한강 (상급 / 상류) 지역에는 물은 적지만 깨끗하다.

정답 p.234

3 다음 어휘들 중에서 2개 이상 고른 후 그 어휘들이 들어간 짧은 글을 써 보세요.

| 상류 | 하류 | 한강 | 저축 | 저금통 | 홀수 | 짝수 |

4 가족들이 모여서 다음 낱말과 둘씩 대립 짝을 이루고 있는 것을 각자 쓰고 나서 서로 비교해 보세요. 대립 짝에는 정답이 있는 것이 아닙니다. 각자 찾은 대립 짝을 비교하면서 그 이유를 토론해 보세요.

쌀밥	
윗도리	
팔	
책	
팔꿈치	
손목	

아들	
봄	
설날	
정문	
숟가락	
치마	

㉮ 가족과 내가 쓴 대립 짝이 서로 다른 것이 있나요?

㉯ 서로 다른 대립 짝 중에서 누가 찾은 것이 가장 적합하다고 결론이 났나요?

학습할 내용

3. 동서(東西): 동쪽과 서쪽

대립 어휘 07. 동해(東海) : 서해(西海)
대립 어휘 08. 동부(東部) : 서부(西部)
대립 어휘 09. 동양(東洋) : 서양(西洋)

같은 소리 다른 한자

동(童) "아이"
아동(兒童) / 동화(童話) / 동요(童謠) / 동시(童詩) / 동심(童心)

서(書) "글"
교과서(敎科書) / 도서관(圖書館) / 서점(書店) / 서예(書藝)

4. 남북(南北): 남쪽과 북쪽

대립 어휘 10. 남극(南極) : 북극(北極)
대립 어휘 11. 남한(南韓) : 북한(北韓)
대립 어휘 12. 남반구(南半球) : 북반구(北半球)

같은 소리 다른 한자

남(男) "사내, 남자"
남편(男便) / 남아(男兒) / 남매(男妹) / 장남(長男)

남(濫) "넘치다"
남용(濫用) / 남획(濫獲) / 남발(濫發) / 범람(汎濫)

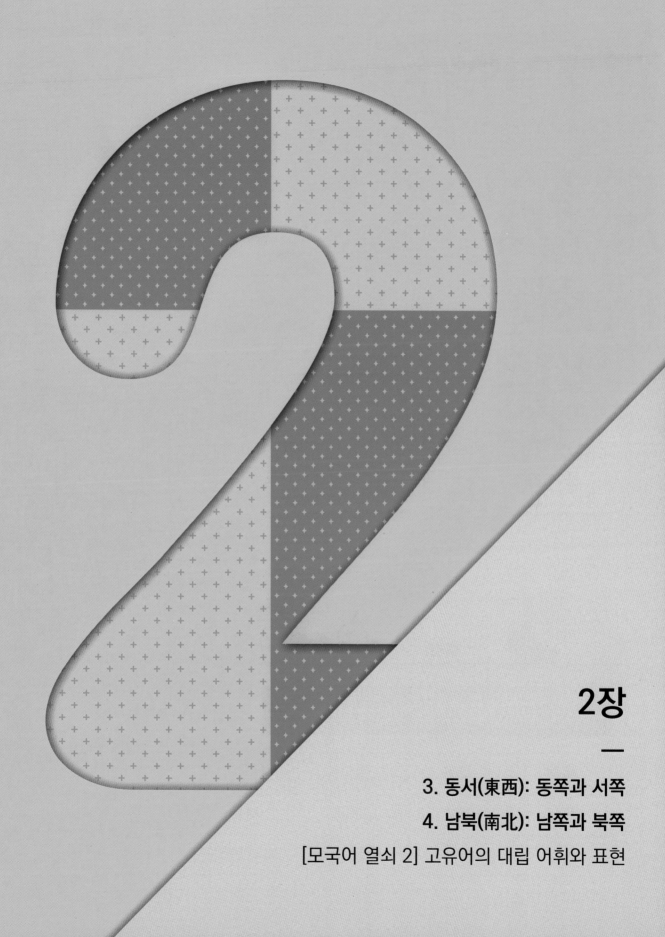

동 東 ③ 동쪽과 서쪽 西 서

동서는 방향을 나타내는 말입니다. 해가 뜨는 쪽이 **동**쪽이고 지는 쪽이 **서**쪽입니다.
동서는 오른쪽, 왼쪽과 달리 우리가 움직여도 변화가 없는 절대적인 방향입니다.

동과 서가 대립하는 표현

동해	서해	동유럽	서유럽	동양식 사고	서양식 사고
동부	서부	동풍	서풍	영동 지방	영서 지방
동양	서양	동에 번쩍	서에 번쩍	동해안	서해안
				동양화	서양화

대립 어휘 **07** 난이도✱✱ 〈사회〉

동해(東海) : 서해(西海)

우리나라의 동쪽 바다가 **동**해,
서쪽 바다가 **서**해

주제 쓰기

왜 우리나라를 한반도라고 할까?

한반도(韓半島)는 한국을 의미하는 '한'과 바다로 둘러싸인 땅이라는 의미의 '반도'가 합쳐진 말입니다. 우리나라 육지를 중심으로 동쪽에 위치한 바다가 **동해**입니다. 동해에는 울릉도와 독도가 자리잡고 있지요. **서해**는 서쪽에 위치하고 있는 바다이고 서해 건너편에는 중국

이 있습니다. 서해에는 동해에 비해서 섬이 많습니다. 또한 서해에는 조개, 게, 꼬막, 바지락 등이 살고 있는 갯벌이 있습니다. 갯벌은 밀물 때는 물에 잠기고 썰물 때는 물 밖으로 드러나는 모래나 진흙으로 이루어진 땅입니다. 여러분은 갯벌에서 진흙에 빠져 본 적이 있나요?

한반도의 남쪽에 있는 남해에는 아름다운 섬들이 많아서 경치가 매우 아름답습니다. 그런데 한반도의 북쪽에는 바다가 없습니다. 한반도의 북쪽에는 중국과 러시아 땅이 있지요. 대한민국은 동해, 서해, 남해의 삼면이 바다로 둘러싸인 나라입니다.

핵심 낱말

대립 어휘 표현

동해안 : 서해안 | 동해 바다 : 서해 바다 | 동해 일출 : 서해 일몰

주제 쓰기

핵심 낱말

대립 어휘 **08** 　**동부**(東部) **: 서부**(西部)

난이도 ✱
〈사회〉

어느 지역의 동쪽 부분이 **동부**,
서쪽 부분이 **서부**

우리나라의 지역을 나누는 산맥은?

　　강원도는 태백산맥을 중심으로 동부와 서부 지역으로 나뉩니다. 강릉과 속초가 위치한 **동부** 지역은 영동 지방, 춘천과 원주가 있는 **서부** 지역은 영서 지방이라고 합니다. 이와 비슷하게 우리나라의 몇몇 지역은 두 가지 이름을 갖습니다. 하나는 공식 명칭이고 다른 하나는 태백산맥을 기준으로 나뉠 때 불리는 이름입니다. 태백산맥의 남쪽에서 소백산맥이 갈라져 나오는데 태백산맥과 소백산맥의 사이에 있는 경상도는 영남 지방이라고 부릅니다.

　　다른 지역도 공식적인 명칭 외에 다른 이름으로 쓰일 때가 있습니다. 그래서 전라도는 호남 지방이라고 부르기도 합니다. 충청도를 호서 지방이라고도 하지만 최근에는 충청 지방을 더 많이 사용합니다. 그리고 서울과 경기도는 합쳐서 서울경기라고 합니다. 경기도는 인구가 많고 지역이 넓어서 한강을 기준으로 경기 북부와 남부로 나눌 때가 많습니다.

대립 어휘 표현

강원 동부 지역 : 강원 서부 지역 ｜ 동부전선 : 서부전선 ｜ 미국 동부 : 미국 서부

대립 어휘 **09**

난이도 ★★★
〈국어〉, 〈사회〉

동양(東洋) : 서양(西洋)

한국, 중국, 일본 등 아시아의 동부 및 남부가 **동양**,
유럽과 남북아메리카의 여러 나라들이 **서양**

주제 쓰기

동양과 서양은 무엇이 다를까?

　우리나라에서 **동양**이라는 단어는 주로 한국, 중국, 일본 세 국가가 그 의미의 중심이 됩니다. **서양**은 유럽 대륙과 아메리카 대륙의 국가들이 중심이 되지요. 동양과 서양이라는 표현은 주로 인종과 문화의 차이를 말할 때 많이 사용됩니다. 동양인들은 주로 검은 머리카락에 황색 피부를 지니고 있으며, 서양인들은 주로 노란 머리카락에 하얀 피부를 지니고 있습니다. 러시아는 위치적으로는 동양에 가깝지만, 인종은 백인들이 대부분이며 문화적으로도 서양과 유사한 특징을 띠기 때문에 서양으로 분류합니다.

　문화적으로도 동양과 서양은 많은 차이가 있습니다. 그 중 재미있는 예를 한 가지 들어 볼까요? 동양에서는 보름달을 아주 길한 징조로 여겼습니다. 우리나라의 정월 대보름은 바로 보름달이 뜨는 때를 기념하기 위한 축제였습니다. 반면 서양에서는 보름달을 아주 불길한 징조로 여겼습니다. 서양에서 보름달은 사람들을 미치게 만든다는 미신이 있었습니다. 서양의 전설에 따르면 늑대 인간은 평소에 사람이었다가 보름달이 뜨는 밤이면 늑대로 변신해 사람을 해친다고 하지요.

핵심 낱말

대립 어휘 표현
동양화 : **서양화** | 동양 사람 : **서양 사람** | 동양 문화 : **서양 문화**

같은 **소리** 다른 **한자** 다음 한자를 익히고 예문의 빈칸을 채워 봅시다.

정답 p.234

동(童)
: 아이

아동 (兒童) – 만 6세에서 12세까지의 아이.
동화(童話) – 어른이 아니라 아이들을 위한 이야기를 책으로 엮은 것.
동요(童謠) – 아이들이 부르는 노래.
동시(童詩) – 아이들의 정서에 맞게 지은 시 또는 아이들이 지은 시.
동심(童心) – 어린이의 순진하고 맑은 마음.

① 어른들은 아이들의 재롱을 보면서 잠시 _____ 으로 돌아갔다.

② 내 친구가 어린이 _____ 경연 대회에 나가서 장려상을 받았다.

③ 오늘은 선생님께서 _____ 쓰기를 숙제로 내 주셨다.

④ 아동들은 _____ 를 읽으면서 상상의 날개를 편다.

⑤ 보통 만 0-3세는 영아, 만 3-5세까지는 유아라고 한다. 그리고 12-18세까지의

학생이 청소년이다. 6-12세의 어린이를 _____ 이라고 부른다.

서(書)
: 글

교과서 (敎科書) – 학교에서 주된 교재로 사용하기 위해 만든 책.
도서관 (圖書館) – 온갖 종류의 책, 문서, 기록을 모아 놓고 볼 수 있게 만든 시설.
서점 (書店) – 책을 갖추어 놓고 팔거나 사는 가게.
서예 (書藝) – 붓으로 예술적인 글씨를 쓰는 것. 서예를 직업으로 하는 사람이 서예가.

⑥ 글씨를 쓰는 것을 좋아하는 친구들끼리 모여 _____ 동아리를 만들었다.

⑦ 우리 집 근처에는 _____ 이 없어서 책을 사려면 시내까지 나가야 한다.

⑧ 나는 매주 학교 _____ 과 시립 _____ 에서 책을 빌린다.

⑨ 가방이 무거워서 _____ 는 학교의 사물함에 보관했다.

기본 문제

정답 p.234

1 다음은 소리가 같은 한자 '동'(東, 童)에서 만들어진 어휘들입니다. 뜻이 다른 한자에서 만들어진 어휘들을 묶어서 써 보세요.

동해 ㅣ 동요 ㅣ 아동 ㅣ 동화 ㅣ 동부 ㅣ 동심 ㅣ 동양

ㄱ 동쪽 동(東):

ㄴ 아이 동(童):

2 다음은 소리가 같은 한자 '서'(西, 書))에서 만들어진 어휘들입니다. 뜻이 다른 한자에서 만들어진 어휘들을 묶어서 써 보세요.

서점 ㅣ 서양 ㅣ 교과서 ㅣ 서양화 ㅣ 서독 ㅣ 도서관

ㄱ 서쪽 서(西):

ㄴ 글 서(書):

3 다음 어휘가 들어간 간단한 문장을 써 보세요.

교과서:

서점:

도서관:

남 南 北 북

남북도 동서처럼 변화하지 않는 방향입니다. 겨울에 **남쪽** 방향의 산의 눈은 빨리 녹지만 **북쪽**을 향한 산의 눈은 잘 녹지 않습니다.

남과 북이 대립하는 표현

남한	북한
남극	북극
남반구	북반구

남유럽	북유럽
강남	강북
남동풍	북서풍

남태평양	북태평양
남방	북방
남하	북상
남제주	북제주

대립 어휘 **10**

난이도 ***
〈과학〉

남극(南極) : 북극(北極)

지구의 남쪽 끝이 **남극**, 북쪽 끝이 **북극**

북극곰과 펭귄은 만난 적이 있을까?

북극 지방의 평균 기온은 영하 35~40도, 남극 지방의 평균 기온은 영하 55도나 됩니다. 우리나라에서는 겨울에 영하 10도만 되어도 굉장히 추운 날씨입니다. 남극에는 범고래, 바다 표범 등 바다에 사는 동물 외에 남극 땅에는 주로 펭귄이 삽니다. 남극은 지나치게 추운 데다가 남극해라는 바다로 둘러싸여 있어서 다른 육지 동물들은 그 근처에 갈 수가 없었습니다. 그래서 육지에는 펭귄을 잡아먹을 동물이 거의 없었지요.

남극은 바다로 둘러싸인 대륙이고 **북극**은 대륙이 아니라 바다가 얼어 붙은 빙하 지역입니다. 북극에는 북극곰, 여우, 늑대, 토끼 등의 몇몇 동물들이 살고 있어요. 육지 동물이 남극 바다를 건너야 하기 때문에 남극에는 갈 수 없어요. 그렇지만 북극은 바다가 얼어 있기 때문에 육지 동물들도 걸어서 바다를 건널 수 있지요. 그래서 북극곰과 펭귄은 전혀 만난 적이 없답니다.

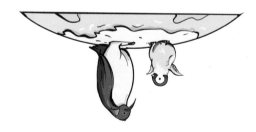

대립 어휘 표현

남극의 펭귄 : 북극의 곰 | 남극해 : 북극해 | 남극 빙하 : 북극 빙하

주제 쓰기

대립 어휘 11

난이도 ✱✱✱
〈사회〉

남한(南韓) : 북한(北韓)

대한민국이 **남한**,
조선민주주의인민공화국이 **북한**

핵심 낱말

38선과 휴전선은 같은 것일까?

　1945년에 우리는 일본이 무력으로 지배했던 국가를 되찾았습니다. 그 후 미국과 소련이 우리나라에 동시에 들어와 북위 38도를 기준으로 우리나라를 남과 북으로 나누었습니다. 남쪽에는 미군의 지원으로 민주주의 정부가 세워졌고 북쪽에는 소련의 힘을 업은 공산당이 정권을 잡았습니다. 이 때 생긴 것이 38선입니다.

　그리고 1950년 6월 25일, 북한의 침략으로 인해 **남한**과 **북한**은 같은 민족끼리 전쟁을 치렀습니다. 우리는 이 전쟁을 6·25 전쟁이라고 부르고 외국에서는 한국전쟁이라고 부릅니다. 1953년에 한국을 포함한 유엔군과 북한이 휴전 협정을 하게 됩니다. 그리고 남한과 북한을 나누는 휴전선을 만들고 서로 그곳을 넘지 않기로 했지요. 휴전선은 북위 38도 근처에 있지만 38선과는 다릅니다. 남한과 북한이 조금이라도 더 많은 땅을 차지하기 위해 휴전 협정이 이루어지기 직전까지 계속 싸웠기 때문이지요. 그래서 휴전선의 서쪽은 38선보다 아래쪽이고 동쪽은 더 위쪽에 있습니다.

대립 어휘 표현

남한 방송 : 북한 방송 | 남한의 언어 : 북한의 언어 | 남한 가요 : 북한 가요

대립 어휘 12

난이도 ★★★
〈사회〉

남반구(南半球) : 북반구(北半球)

지구의 적도를 중심으로 남쪽이 **남**반구,
북쪽이 **북**반구

주제 쓰기

북반구와 남반구는 무엇이 다를까?

지구는 적도라는 선을 기준으로 해서 남반구와 북반구로 나뉩니다. 남반구보다 북반구에 육지가 훨씬 많아서 지구 인구의 90%가 북반구에 살고 있습니다. 반면 남반구는 바다가 대부분이기 때문에 북반구에 비해서 사람이 훨씬 적게 삽니다. **북반구**에는 한국을 포함한 동북아시아와 유럽, 북아메리카 대륙이 속해 있고, **남반구**에는 남아메리카 대륙의 대부분과 오스트레일리아 대륙이 있습니다. 그리고 적도 부근에는 아프리카 대륙과 오세아니아, 동남아시아가 남반구와 북반구에 걸쳐져 있습니다.

북반구와 남반구는 계절이 서로 반대입니다. 북반구에서는 12월부터 2월까지 겨울이지만, 남반구에서는 이 기간이 여름입니다. 그래서 남반구 국가에서는 성탄절에 눈이 내리지 않으며, 산타클로스도 수영복을 입고 등장합니다. 북반구에서 남반구로 여행을 간다면 계절이 서로 반대라는 사실을 알고 계절에 맞는 옷을 준비해 가야 합니다. 적도 부근 국가의 날씨는 항상 기온과 습도가 높기 때문에 일 년 내내 우리나라의 여름 장마철과 비슷합니다.

핵심 낱말

대립 어휘 표현

북반구 인구 : 남반구 인구 | 북반구 대륙 : 남반구 대륙 | 북반구 기후 : 남반구 기후

같은 소리 다른 한자 다음 한자를 익히고 예문의 빈칸을 채워 봅시다.

정답 p.234

남(男)
: 사내, 남자

남편 (男便) – 결혼을 하여 여자의 짝이 된 남자.
남아 (男兒) – 남자 아이.
남매 (男妹) – 한 가족의 아들과 딸.
장남 (長男) – 가족에서 둘 이상의 아들 가운데 첫째 아들.

① 오빠와 여동생, 누나와 남동생은 _____ 관계이다.

② 우리 사회에는 _____ 이 부모를 모셔야 한다고 생각하는 사람들이 많다.

③ _____ 로 태어나서 세상에 큰 일을 해 봐야지.

④ _____ 과 아내가 서로 사랑하는 가정에서 자라는 아이가 행복하다.

남/람
(濫)
: 넘치다

남용 (濫用) – 일정한 기준이나 한도를 넘어서 함부로 씀.
남획 (濫獲) – 짐승이나 물고기 따위를 마구 잡음.
남발 (濫發) – 말이나 행동을 자꾸 함부로 함.
범람 (汎濫) – 물이 흘러넘침.

⑤ 예전부터 고래를 _____ 해서 고래가 멸종 위기에 있다.

⑥ 비가 많이 내려 강이 _____ 하는 바람에 피해가 컸다.

⑦ 아무리 몸에 좋은 약이라도 _____ 하면 독이 된다.

⑧ 듣기 좋은 말을 _____ 하는 사람을 쉽게 믿어서는 안 된다.

기본 문제

정답 p.234

1 다음은 소리가 같은 한자 '남'(南, 男, 濫)에서 만들어진 어휘들입니다. 뜻이 다른 한자에서 만들어진 어휘들을 묶어서 써 보세요.

남아 | 남용 | 남극 | 남발 | 남편 | 장남 | 남반구 | 범람 | 남한

㉠ 남쪽 **남(南):**

㉡ 남자 **남(男):**

㉢ 넘치다 **남/람(濫):**

---

2 다음 어휘가 들어간 간단한 문장을 써 보세요.

강남:

북극:

북한:

2 모국어영역

고유어의
대립 어휘와 표현

정답 p.234

**대립이란
무엇인가?**

우리는 1장의 '둘씩 짝을 짓고 있는 세상'에서 홀수와 짝수, 손바닥과 손등, 왼쪽과 오른쪽이 한 쌍을 이룬다는 것을 공부했습니다. 이와 같이 둘씩 짝을 이루는 것을 대립이라고 합니다. 대립(對立)은 '마주 서 있다'는 의미입니다. 홀수는 짝수와, 왼쪽은 오른쪽과 대립합니다.

짝이 되어 한 쌍을 만드는 두 가지는 서로 반대의 의미를 가질 때가 많습니다. 그렇지만 대립은 '반대'와 다른 개념입니다. 우리가 공부한 육지와 바다, 손가락과 발가락은 대립하지만 서로 반대가 아닙니다. 한국 축구대표팀과 일본 농구대표팀은 대립하지 않습니다. 그 이유는 두 팀이 마주 설 수 없기 때문입니다. 한국 축구대표팀과 마주 서는 짝은 일본 축구대표팀입니다. 대립하는 두 짝은 공통점과 차이점을 동시에 가지고 있습니다.

**우리말의
대립 쌍**

우리말에는 대립하는 고유어를 함께 사용하는 표현이 많습니다. 예를 들면 '밤낮없이, 자나 깨나' 등은 '쉬지 않고, 언제나'의 의미로 쓰입니다. 여기에 쓰인 '밤'과 '낮', '자나'와 '깨나'는 대립하는 낱말의 쌍입니다. 다음 빈칸에 우리말의 대립 어휘를 써 보고 우리가 자주 사용하는 재미있는 표현을 알아 보기로 하겠습니다.

물	불		밤	낮
비			죽다	
이기다			똥	
자다			오다	

대립 쌍을 활용한 표현

물불
▷ 화가 난 청년은 물불을 가리지 않고 덤벼들었다.
▷ 그는 자신의 목적을 달성하기 위해서는 물불을 가리지 않는 사람이다.

밤낮
▷ 노동자들은 밤낮을 가리지 않고 일을 했지만 많은 임금을 받지 못했다.
▷ 그 작가는 밤낮없이 글만 쓴다.

눈비
▷ 원시인들은 굶주림을 피하기 위해 눈이 오나 비가 오나 사냥을 나갔다.
▷ 엄마는 그렇게 눈비가 쏟아지는 날에도 밖에서 아들을 기다렸다.

죽기 살기
▷ 그 전쟁에서 이기기 위해서 병사들은 죽기 살기로 싸웠다.
▷ 그들은 포기하지 않고 대회에 나가기 위해서 죽기 살기로 연습을 했다.

이기든 지든
▷ 이기든 지든 최선을 다하면 국민들이 박수를 친다.
▷ 이기든 지든 팀을 꾸렸으니 대회에 나가 보자.

똥오줌
▷ 그는 똥오줌을 못 가리고 엉뚱한 얘기만 계속하고 있다.
▷ 나이가 몇인데 똥오줌 못 가리고 나대니?

자나 깨나
▷ 어부의 아내는 자나 깨나 바다에 나간 남편 걱정뿐이었다.
▷ 그 소녀는 자나 깨나 가수가 된다는 생각만 했다.

오도 가도
▷ 갑자기 눈이 내려서 오도 가도 못하고 자동차에서 세 시간을 앉아 있었다.
▷ 죄를 저지르고 도망을 쳤지만 경찰이 사방을 둘러싸서 오도 가도 못하는 신세가 되었다.

모국어 열쇠 활용 문제

다음 빈칸에 적당한 대립하는 어휘를 써 넣으세요.

① 나이가 몇인데 _____ 못 가리고 나대니?

② _____ 최선을 다하면 국민들이 박수를 친다.

③ 그 소녀는 _____ 가수가 된다는 생각만 했다.

④ 화가 난 청년은 _____ 을 가리지 않고 덤벼들었다.

심화 문제

1 다음 표에 대립하는 한자어로 빈칸을 완성해 봅시다.

동대문	서대문
동해	
	서양
동풍	

남한강	북한강
	북반구
남극	
	북한

2 다음 문장에 알맞은 단어를 골라서 동그라미를 그려 봅시다.

ㄱ 한집안의 첫째 아들을 (장남 / 차남)이라고 한다.

ㄴ 우리나라는 적도의 북쪽에 있는 나라로 (남반구 / 북반구)에 속한다.

ㄷ 결혼한 여자의 짝이 된 남자를 (남편 / 아내)이라고 부른다.

ㄹ 할머니께서는 매일 내게 (동화를 / 동심을) 읽어 주셨다.

ㅁ 읽고 싶은 책이 있어서 (도서관 / 서점)에 가서 그 책을 빌리기로 했다.

ㅂ 고래를 (남획 / 남용)해서 고래가 멸종 위기에 처했다.

ㅅ 지난 여름 비가 많이 와서 하천이 (침범 / 범람)하여 집에 물이 들어왔다.

ㅇ 그 가족은 아들과 딸 하나씩 (자매 / 남매)를 두었다.

정답 p.234~p.235

3 다음 어휘들 중에서 2개 이상 고른 후 그 어휘들이 들어간 짧은 글을 써 보세요.

남한 | 북한 | 남반구 | 북반구 | 남편 | 남매 | 장남 | 남녀노소

4 우리나라의 주변에는 많은 국가들이 있습니다. 동쪽에 일본, 서쪽에 중국과 몽골이 있습니다. 그리고 남쪽에 대만, 베트남, 태국, 말레이시아, 인도네시아, 필리핀이 있고, 북쪽과 서쪽에 걸쳐서 러시아가 있습니다.아래 공간에 우리나라가 포함된 지도를 그려서 위에 쓰인 나라들을 써 넣어 보세요.

학습할 내용

5. 남녀(男女): 남자와 여자

대립 어휘 13. 남자(男子) : 여자(女子)

대립 어휘 14. 남성(男性) : 여성(女性)

대립 어휘 15. 장남(長男) : 장녀(長女)

같은 소리 다른 한자

여(如) "같다"

여전(如前) / 결여(缺如) / 여차(如此) / 여하(如何)

여(餘) "남다"

여지(餘地) / 여유(餘裕) / 여력(餘力) / 여백(餘白) / 여분(餘分)

6. 노소(老少): 늙음과 어림

대립 어휘 16. 노인(老人) : 소년(少年), 소녀(少女)

대립 어휘 17. 노약자(老弱者) : 연소자(年少者)

대립 어휘 18. 남녀노소(男女老少)

같은 소리 다른 한자

노/로(路) "길"

도로(道路) / 노선(路線) / 가로등(街路燈) / 활주로(滑走路) / 통로(通路)

소(素) "본디, 성질"

요소(要素) / 소재(素材) / 평소(平素) / 검소(儉素)

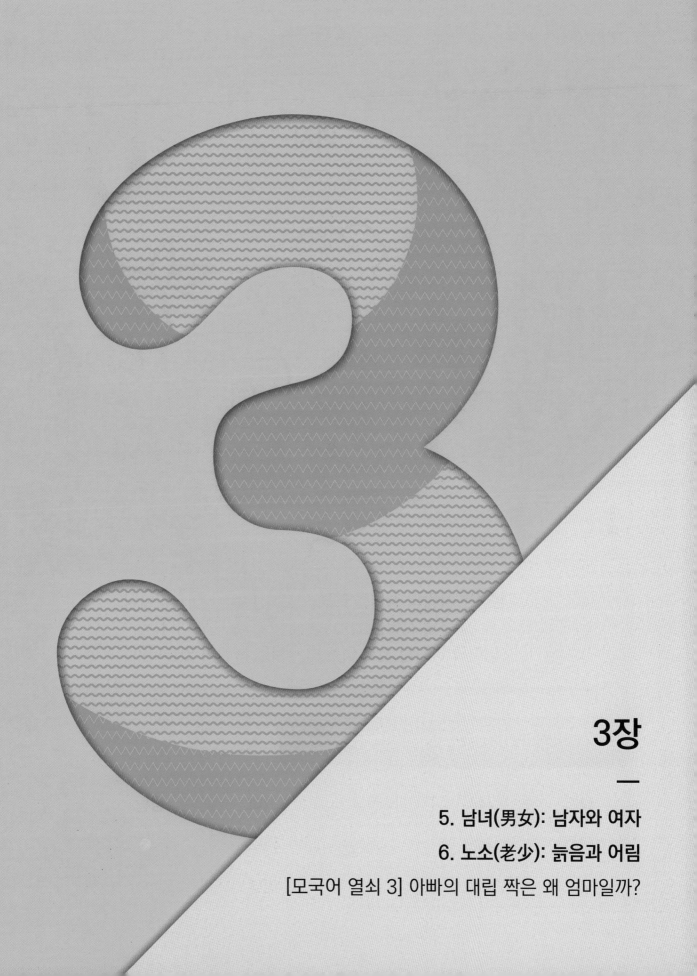

3장

—

남 男 女 여

남녀는 사람의 성별을 둘로 구분하는 대립 개념입니다.
동물의 성별은 암컷과 수컷으로 구분합니다.
남자와 여자는 서로 다른 육체적인 특징이 있습니다.

남과 여가 대립하는 표현

남자	여자	장남	장녀	남동생	여동생
남성	여성	차남	차녀	남탕	여탕
남고	여고	미남	미녀	유부남	유부녀
				남정네	여인네

대립 어휘 13

난이도 ✱✱
〈과학〉

남자(男子) : 여자(女子)

남성으로 태어난 사람이 **남자**,
여성으로 태어난 사람이 **여자**.

남자와 여자는 무엇이 다를까?

동물의 성은 암컷과 수컷으로, 사람은 남자와 여자로 구별합니다. 곤충, 새, 물고기 등의 동물은 한눈에 암수를 구별하기 어렵지요. 인간도 유아일 때는 외모로 남녀를 구별하기 어렵지만 청소년기가 되면 쉽게 구별할 수 있습니다. 왜냐하면 남자와 여자는 신체적 특징이 다르기 때문입니다. **남자**는 사춘기에 키가 많이 크고 골격이 넓어지며 코와 턱이 발달합니다. 특히 남자가 여자보다 근육이 더 발달해서 강한 힘을 내게 됩니다.

이에 반해서 **여자**는 골반뼈가 넓어지고 엉덩이가 커집니다. 이것은 아이를 갖게 될 때 태아가 자랄 수 있는 공간을 확보하기 위해서입니다. 또한 11세 무렵부터 가슴이 나오기 시작하여 17세 무렵에 최대의 크기로 성장하지요. 이러한 신체적 변화는 서로 다른 남성호르몬과 여성호르몬이 분비되기 때문에 일어납니다. 문화에 따라서 다르지만 남자와 여자는 머리카락의 길이, 의복의 차이로 구별이 되기도 합니다.

대립 어휘 표현

남자 화장실 : **여자 화장실** | 남자아이 : **여자아이** | 남자 친구 : **여자 친구**

주제 쓰기

핵심 낱말

대립 어휘 **14**

난이도 ✱✱✱
〈사회〉, 〈도덕〉

남성(男性) : 여성(女性)

인간의 성을 구별하는 측면에서 남자는 **남**성, 여자는 **여**성.

남성과 여성의 차별이 언어에도 나타날까?

불과 100년 전까지만 해도 남성과 여성의 차별이 있었습니다. 하지만 차츰 남성과 여성이 평등한 인간이라는 생각이 널리 퍼지기 시작했지요. 남성과 여성의 신체적인 차이를 인정하지만 같은 인간으로서 차별 대우하지 않는 남녀평등 사회로 발전하기 시작했습니다. 현대 민주주의 사회에서는 대부분 국가에서 남녀가 평등한 지위를 가집니다.

그렇지만 아직도 우리말에는 **여성**을 따로 구별하는 여직원, 여배우, 여사장, 여선생님, 여가수와 같은 어휘들이 사용되고 있습니다. 진정한 남녀평등 사회가 되기 위해서는 이 용어가 바뀌어야 한다는 주장도 있습니다. 단어의 앞에 붙인 '여-'를 쓰지 않고 모두 직원, 군인, 사장, 선생님, 가수로 쓰든지 아니면 남직원, 남배우, 남사장, 남선생님, 남가수도 같이 사용해야 한다는 것이지요. 영어에서 man(남자)이라는 단어는 woman(여자)과 대립하는 낱말이지만, '모든 인간'이라는 뜻도 지니고 있어서 남성과 여성을 통틀어 가리키기도 합니다. **남성**이 인간을 대표한다는 생각이 언어에 들어가 있는 것이지요.

대립 어휘 표현

남성복 : **여성복** | 남성호르몬 : **여성호르몬** | 남성적 : **여성적**

대립 어휘 **15** 난이도 ✱✱ 〈국어〉, 〈사회〉	**장남**(長男) **: 장녀**(長女) 첫 번째 아들이 장**남**이고 첫 번째 딸이 장**녀**

우리말에서 장남과 장녀는 사라질까요?

가족에 자녀가 많이 있을 때 장남과 장녀가 있습니다. 딸 두 명과 아들 세 명이 있는 가족에서 가장 나이가 많은 딸이 **장녀**, 가장 나이가 많은 아들이 **장남**이지요. 두 번째로 나이가 많은 아들은 차남, 세 번째 아들이 삼남입니다. 그리고 두 번째 딸의 경우는 차녀라고 합니다. 이 어휘들은 옛날에 집집마다 자녀들이 많았기 때문에 이들을 구별하기 위해서 생긴 말입니다.

그런데 우리나라도 자녀를 많이 낳지 않는 저출산 국가가 되었습니다. 저출산으로 인해서 가족의 자녀는 많아야 2~3명 정도입니다. 아들과 딸이 하나씩만 있을 때는 장남과 장녀라는 말이 굳이 필요하지 않지요. 이처럼 자녀를 한 명 또는 두 명만 낳는다면 미래에는 우리말에서 장남과 장녀는 사라지지 않을까요? 여러분은 장남, 장녀, 차남, 차녀 중 누구인가요?

대립 어휘 표현

장남 신랑 : 장녀 신부 | 장남 역할 : 장녀 역할 | 장남의 유산 : 장녀의 유산

같은 **소리** 다른 **한자** 다음 한자를 익히고 예문의 빈칸을 채워 봅시다.

정답 p.235

여(如)
: 같다

여전 (如前) – 전과 같음.
결여 (缺如) – 마땅히 있어야 할 것이 빠져서 없음.
여차 (如此) – 일이 뜻대로 되지 아니함.
여하 (如何) – 어떠한가 또는 어느 정도.

① 예나 지금이나 네 말투는 _____ 하구나.

② 성공은 노력 _____ 에 달려 있다.

③ _____ 하면 뒤도 돌아보지 말고 도망쳐라.

④ 그 가족들의 증언은 객관성이 _____ 되어 있어서 증거로 채택될 수 없습니다.

여(餘)
: 남다

여지 (餘地) – 남은 땅의 뜻이지만 어떤 일이 일어날 가능성의 의미도 있음.
여유 (餘裕) – 물질적·공간적·시간적으로 넉넉하여 남음.
여력 (餘力) – 어떤 일에 쏟고 나서도 아직 남아 있는 힘.
여백 (餘白) – 종이 따위에 글씨를 쓰거나 그림을 그리고 남은 빈 자리.
여분 (餘分) – 쓰고 남은 나머지.

⑤ 이제 선택의 _____ 가 없다.

⑥ 출발하기 전까지 아직 10분 정도 _____ 가 있다.

⑦ 만일을 대비하여 _____ 의 돈을 조금 준비했다.

⑧ 공책의 _____ 에 낙서를 했다.

⑨ 지금 상황에선 내 한 몸 간수하기도 벅차서 남을 도울 _____ 이 없다.

기본 문제

정답 p.235

1 다음은 소리가 같은 한자 '여'(女, 如, 餘)에서 만들어진 어휘들입니다. 뜻이 다른 한자에서 만들어진 어휘들을 묶어서 써 보세요.

여자 │ 여차 │ 장녀 │ 여성 │ 여하 │ 여백 │ 여전 │ 여분 │ 결여 │ 여유

㉠ 여자 **여/녀(女)**:
㉡ 같다 **여(如)**:
㉢ 남다 **여(餘)**:

2 다음 어휘가 들어간 간단한 문장을 써 보세요.

남자:
여전:
여지:

3 우리는 가족 관계를 말할 때 '1남 1녀 중 장남', '5남 3녀 중 차녀' 또는 '2남 3녀 중 삼녀'라고 합니다. 가족 관계에서 '나, 아빠, 엄마'는 어떻게 소개하면 될까요?

예시 – **철수**: 철수는 2남 1녀 중 차남

나:
아빠:
엄마:

6 늙음과 어림

노 老 少 소

노소는 늙음과 어림을 나타내는 대립 개념입니다. 나이가 적으면 어리다고 합니다. 그런데 '늙었다'는 시대에 따라서 달라지고 있습니다. 옛날에는 60세가 되면 늙었다고 했지만 요즘은 그렇지 않습니다.

노와 소가 대립하는 표현

노	소	노	소	노	소
				노인 회관	청소년 회관
노인	소년	노병	소년병	경로우대 할인	청소년 할인
노약자	연소자	양로원	청소년보호소	노론	소론
노인병원	소아과병원	노인 정책	청소년 정책	노년기	청소년기

대립 어휘 **16**	**노인**(老人) **: 소년**(少年), **소녀**(少女)
난이도 ✱✱ 〈국어〉, 〈사회〉	나이가 들어 늙은 사람이 **노인**이고 나이가 어려 아직 완전히 성숙하지 않은 사람이 **소년** 또는 **소녀**

주제 쓰기

나이가 몇 살이면 노인일까?

소년이 자라서 청년이 되고 청년이 나이가 들면 **노인**이 됩니다. 노인이 되면 피부에 주름이 생기고 뼈와 근육이 약해지는 등의 변화가 일어납니다. 아직 완전히 성숙하지 않은 어린 남자는 **소년**, 어린 여자는 **소녀**라고 합니다. 그렇지만 나이가 많은 사람은 남자와 여자를 따로 부르지 않고 모두 노인이라고 하지요. 그리고 우리말에서 20대는 청년, 30-40대는 중년, 50대는 장년이라고 하는데 모두 남녀를 따로 구별하지 않습니다.

그러면 나이가 몇 살이 되면 노인일까요? 미국과 유럽에서는 65세 이상을 노인으로 정해 놓고 있습니다. 우리나라에서도 노인복지법상 65세 이상을 노인으로 규정합니다. 65세 이상의 노인은 마을에 있는 경로당과 노인 전용 시설을 무료로 이용할 수 있습니다. 노인들은 지하철도 무료로 이용합니다. 우리나라 사람들의 평균 수명이 늘어나면서 노인들이 점점 많아지고 있습니다. 그래서 노인의 기준 나이를 65세에서 70세로 올리자는 의견도 있습니다. 여러분도 나이가 들면 노인이 될 것입니다. 여러분이 나이가 들면 몇 살을 노인이라고 할까요?

핵심 낱말

대립 어휘 표현

노인 복지 : 청소년 복지 | 노인 공경 : 청소년 보호 | 노인 우대 : 청소년 우대

주제 쓰기

대립 어휘 **17**

난이도 ✱✱
〈국어〉, 〈사회〉, 〈도덕〉

노약자(老弱者) : 연소자(年少者)

노인과 약한 사람이 **노약자**이고
나이가 적은 사람이 **연소자**

핵심 낱말

버스와 지하철의 노약자 자리에는 누가 앉을까?

우리나라의 버스와 지하철에는 '**노약자석**'이 따로 있습니다. 이 노약자석에는 노인, 아이를 가진 임신부, 몸이 아픈 환자, 3세 이하의 유아를 데리고 탄 어른이 앉을 수 있습니다. 버스나 지하철에는 노약자석을 표시하기 위해서 지팡이를 짚은 노인의 그림뿐만 아니라 임신부나 환자 그림이 붙어 있지요. 외국에는 버스와 지하철에 노약자석이 따로 없습니다. 그리고 노인이 버스나 지하철에 타도 자리를 양보하는 사람도 거의 없습니다. 우리가 노약자를 위해서 자리를 양보하는 전통은 외국에 자랑할 만한 한국의 문화입니다.

연소자는 나이가 어린 사람인데 우리나라의 법에서 연소자는 18세 미만, 청소년은 19세 미만으로 되어 있습니다. 옛날에는 성인만 볼 수 있는 영화를 '연소자 관람 불가'라고 했지요. 그런데 연소자의 정확한 나이가 분명하지 않아서 요즘에는 만 19세로 통일해서 쓰고 있습니다. 우리나라에서는 만 19세가 되어야 성인으로 인정하기 때문에 그 이전에는 담배와 술을 살 수 없습니다.

대립 어휘 표현

노약자용 의자 : **연소자용 의자** | 노약자 보호 : **연소자 보호**

노약자 배려를 위한 정책 : **연소자 배려를 위한 정책**

대립 어휘 18

난이도 ★★★
〈국어〉

남녀노소(男女老少)

남자와 **여자**, 늙은이와 **젊은이**

우리말에 모든 사람을 의미하는 표현은 무엇이 있을까요?

우리말에는 모든 사람을 의미하는 어휘들이 많습니다. 고유어에서는 '누구나, 아무나, 누구든지'가 모든 사람을 뜻합니다. 남녀노소 또한 모든 사람을 뜻하는 사자성어입니다. 그 이외에도 모든 사람을 의미하는 표현에는 다음과 같은 것들이 있습니다.

필부필부(匹夫匹婦) – 한 사람의 남자와 여자.
갑남을녀(甲男乙女) – 갑이란 남자와 을이란 여자.
장삼이사(張三李四) – 장씨의 셋째 아들과 이씨의 넷째 아들.
선남선녀(善男善女) – 착한 남자와 착한 여자.

우리말에 '누구나' 또는 '아무나'라는 의미이지만 낮추어서 부르는 재미있는 말도 있습니다. '어중이떠중이', '개나 소나'가 이러한 표현인데 다음과 같이 좋지 않은 의미로 쓰일 때가 더 많습니다.

"그 물건이 잘 팔린다고 하니 어중이떠중이 다 가게를 차려서 그 물건을 팔고 있네."
"그 모임에 참석해서 의견을 말하면 선물을 준다고 했더니 개나 소나 다 끼어들어서 한 마디씩 하고 있어."

같은 **소리** 다른 **한자**

다음 한자를 익히고 예문의 빈칸을 채워 봅시다.

정답 p.235

노/로(路)
: 길

도로(道路) – 사람, 차 따위가 잘 다닐 수 있도록 만들어 놓은 비교적 넓은 길.
노선(路線) – 버스나 기차, 지하철, 비행기 따위가 정해 놓고 다니는 길.
가로등(街路燈) – 길거리를 밝히기 위하여 설치한 등.
활주로(滑走路) – 항공기가 이륙 전 속도를 높이거나 착륙 후 속도를 줄이는 도로.
통로(通路) – 통행하는 길.

① 해가 지고 깜깜해지면 도로 주변의 _____ 이 켜진다.

② 자동차는 _____ 를 달리고 사람은 인도를 걷는다.

③ 사람들이 왔다갔다하는 데 불편하니 _____ 에 짐을 놔두지 마시오.

④ 지하철을 갈아타기 전에 지하철 _____ 도를 확인해야 한다.

⑤ 비행기는 _____ 를 서서히 달리면서 이륙을 준비하고 있다.

소(素)
: 본디, 성질

요소(要素) – 사물이나 음식에 들어 있는 성분.
소재(素材) – 어떤 것을 만드는 데 바탕이 되는 재료.
평소(平素) – 특별한 일이 없는 보통 때.
검소(儉素) – 사치하지 않고 꾸밈없이 수수함.

⑥ 소설의 3 _____ 는 주제, 구성, 문체이다.

⑦ 뷔페에 가서 _____ 보다 많이 먹었더니 결국 배탈이 났다.

⑧ 그는 평생 _____ 하게 생활하며 모은 재산을 사회에 기부하였다.

⑨ 그 작가는 가족을 _____ 로 삼아 글을 썼다.

기본 문제

정답 p.235

1 다음은 소리가 같은 한자 '노/로'(老, 路)에서 만들어진 어휘들입니다. 뜻이 다른 한자에서 만들어진 어휘들을 묶어서 써 보세요.

도로 | 가로등 | 노인 | 노선 | 노약자 | 노년기

㉠ 늙다 노(老):

㉡ 길 노/로(路):

2 다음은 소리가 같은 한자 '소'(少, 素)에서 만들어진 어휘들입니다. 뜻이 다른 한자에서 만들어진 어휘들을 묶어서 써 보세요.

소년 | 다소 | 소재 | 검소 | 평소 | 소수

㉠ 어리다 소(少):

㉡ 본디, 성질 소(素):

3 다음 어휘가 들어간 간단한 문장을 써 보세요.

노약자:

소년, 소녀:

도로:

정답 p.235

아빠의 대립 짝은
왜 엄마일까?

**아빠의
대립 짝은
누구일까?**

우리는 아빠와 대립 관계에 있는 짝이 엄마라고 생각합니다. 사람들은 '아빠, 엄마, 아들, 딸'이 있을 때 아빠와 대립 관계에 있는 사람이 왜 엄마라고 생각할까요? 다음과 같이 '아빠, 엄마, 아들, 딸'을 네 가지의 대립 짝을 기준으로 나누어 보기로 하겠습니다.

〈아빠, 엄마, 아들, 딸의 특징〉

	어른과 아이	결혼과 미혼	자녀의 있고 없음	남자와 여자
아빠	어른	결혼	○	남자
엄마	어른	결혼	○	여자
아들	아이	미혼	×	남자
딸	아이	미혼	×	여자

위의 표에서 엄마와 아빠는 남자와 여자의 대립에서만 다르고 다른 특징은 모두 같습니다. 엄마도 아빠도 모두 어른이고, 결혼을 했고, 자녀가 있습니다. 반면 딸은 모든 대립 짝에서 아빠와 정반대입니다. 아빠와 딸 사이에는 하나의 공통점도 없습니다. 이렇게 보면 '아빠'와 대립 짝에서 가장 많은 대립 관계에 있는 사람은 '엄마'가 아니라 '딸'입니다. 그런데 사람들은 왜 '아빠'와 대립 관계에 있는 사람이 '엄마'라고 생각할까요?

대립 짝의
공통점과 차이점

대립은 같은 지위에 있는 두 개의 쌍이 마주 서 있는 개념입니다. 대립에서는 같은 지위가 매우 중요합니다. 예를 들면 한국 초등학교 야구대표팀과 일본 대학교 야구대표팀이 경기를 하지 않습니다. 초등학교 대표팀과 대학교 대표팀은 서로 지위가 다르기 때문입니다. 이렇게 서로 공통점과 차이점이 있어도 같은 위치에 있지 않으면 대립하지 않습니다. 그래서 덧셈은 뺄셈과 대립하고 곱셈은 나눗셈과 대립합니다. 뺄셈과 나눗셈은 대립하지 않습니다. 뺄셈과 같은 지위에 있는 것은 나눗셈이 아니라 덧셈입니다.

이제 왜 아빠의 대립 짝이 엄마인지 알 수 있겠지요? 아빠와 딸은 같은 지위에 있지 않습니다. 반면, 아빠와 엄마는 같은 지위에 있으면서 많은 공통점을 지니고 있습니다. 같은 지위에 있으면서 차이점이 하나인 것이 대립의 짝이 됩니다. 그래서 우리는 아빠의 대립 짝으로 엄마를 제일 먼저 떠올립니다.

반대말과
대립 짝

우리는 다음과 같이 낱말의 대립 짝을 만들 수 있습니다.

여름	겨울		아빠	엄마
동물	식물		덧셈	뺄셈
해	달		밤	낮

우리말 어휘에서 '좋은'과 '춥다'의 대립 짝은 각각 '나쁜'과 '덥다'입니다. 우리는 이 대립 짝을 반의어 또는 반대말로 알고 있습니다. 이 책에서는 반의어 또는 반대말이라는 용어를 사용하지 않습니다. 그 대신 대립 어휘라는 말을 사용합니다. 여름과 겨울, 아빠와 엄마, 동물과 식물, 밤과 낮 등은 반대말이 아니라 대립 어휘입니다.

모국어 열쇠
활용 문제

다음 표에 여러분이 생각하는 대립 짝을 써 넣어 보고 친구들이 써 넣은 것과 비교해 보세요.

가다	오다		넓다	좁다
높은			남한	
아침			동해	
위			밤	
앞			안쪽	

심화 문제

1 다음 표에 대립하는 한자어로 빈칸을 완성해 봅시다.

남고	여고
남자	
	장녀
미남	

노론	소론
노년기	
	소년/소녀
	여성

2 다음 문장에 알맞은 단어를 골라서 동그라미를 그려 봅시다.

㉠ 지하철에는 노인과 임산부를 위한 (노약자석 / 청약자석)이 있다.

㉡ 우리 동네의 노인들은 (대강당 / 경로당)에서 함께 모여서 대화를 나눈다.

㉢ 18세 이하의 (청장년 / 청소년)은 술과 담배를 살 수 없다.

㉣ (장남 / 차남)이 부모를 모시는 것이 우리의 전통이었다.

㉤ 글을 잘 쓰기 위해서는 우선 (소재 / 원소)를 잘 선택해야 한다.

㉥ (평소 / 장소)에 좋은 습관을 기르는 것이 매우 중요하다.

㉦ 세상을 잘 살기 위해서는 (든든한 / 검소한) 생활을 해야 한다.

㉧ 희미한 (가로등 / 형광등)이 골목길을 비추고 있었다.

㉨ 자전거는 자동차 전용 (도로 / 통로)에서 탈 수 없다.

㉩ 안내 책자에 버스 (노선 / 활주로), 요금, 정류장 위치 등이 적혀 있습니다.

정답 p.235

3 다음 어휘들 중에서 2개 이상 고른 후 그 어휘들이 들어간 짧은 글을 써 보세요.

| 남자 | 여자 | 여유 | 여차 | 도로 | 가로등 | 요소 | 소재 | 검소 |

4 다음 글을 읽고 물음에 답하여 자신의 생각을 써 보세요.

우리말에는 '남자다움'과 '여자다움'이라는 말이 있습니다. 남자 아이는 로봇놀이, 자동차놀이, 육체적인 운동을 좋아해야 남자답고, 여자 아이는 인형놀이, 소꿉놀이, 뜨개질 등을 좋아해야 여자답다고 했습니다. 부모들은 갓난아기가 태어났을 때 남자는 주로 파란색 옷, 여자는 분홍색 옷을 입히지요. 여러분은 남자는 '남자답게', 여자는 '여자답게' 말과 행동을 해야 한다고 생각하시나요? 아래의 둘 중에서 의견을 선택하고 자기 생각을 써 보세요.

㉮ 남자는 남자다워야 하고 여자는 여자다워야 한다. 그렇다면 남자다움과 여자다움이란 무엇인지 써 보세요.

㉯ '남자답게'와 '여자답게'란 없어져야 한다. 그렇다면 남자다움과 여자다움이 없어져야 하는 이유를 써 보세요.

학습할 내용

7. 부모(父母): 아버지와 어머니

대립 어휘 19. 부친(父親) : 모친(母親)
대립 어휘 20. 계부(繼父) : 계모(繼母)
대립 어휘 21. 부성애(父性愛) : 모성애(母性愛)

같은 소리 다른 한자
부(否) "아니다"
부정(否定) / 부인(否認) / 거부(拒否) / 안부(安否)
모(模) "본뜨다"
모방(模倣) / 모양(模樣) / 모범생(模範生) / 규모(規模)

08. 형제자매(兄弟姉妹): 형, 언니와 동생

대립 어휘 22. 매형(妹兄) : 매제(妹弟), 형수(兄嫂) : 제수(弟嫂)
대립 어휘 23. 형제(兄弟) : 자매(姉妹)
대립 어휘 24. 형부(兄夫) : 제부(弟夫), 처형(妻兄) : 처제(妻弟)

같은 소리 다른 한자
형(型) "모형, 틀, 거푸집"
대형(大型) / 소형(小型) / 모형(模型) / 전형적(典型的)
제(題) "제목"
제목(題目) / 문제(問題) / 숙제(宿題) / 주제(主題)

4장

—

부 父   母 母

부모는 아버지와 어머니를 구분하는 대립 개념입니다.
친척 관계에서 남자 어른은 **부(父)**,
여자 어른은 **모(母)**를 사용합니다.

부와 모가 대립하는 표현

부친	모친	조부	조모
계부	계모	대부	대모
부성애	모성애	부계 사회	모계 사회

부자 관계	모녀 관계
친부	친모
외숙부	외숙모
부자간	모자간

대립 어휘 **19**	**부친**(父親) : **모친**(母親)
난이도 ✱ 〈국어〉, 〈도덕〉	아버지와 어머니를 존중하는 의미로 일컫는 말이 **부친**과 **모친**

주제 쓰기

아빠, 아버지 그리고 아버님은 무엇이 다른가?

어린 아이들은 아버지를 '아빠', 어머니를 '엄마'라고 부릅니다. 그렇지만 성장해서 성인이 되면 '아버지', '어머니'로 호칭을 바꿉니다. 물론 어른이 되고 나서도 '아빠, 엄마'라고 부르는 사람들도 있지요. 재미있는 것은 결혼한 며느리가 친아버지는 '아버지'라고 부르지만 남편의 아버지, 즉 시아버지는 '아버님'이라고 하고, 남편의 어머니를 '어머님'이라고 합니다.

요즘은 시어머니를 '어머니'라고 부르는 일은 있지만 며느리가 시어머니를 '엄마'라고 부르지는 않습니다. '**부친**, **모친**, 아버님, 어머님'은 모두 아버지, 어머니를 높여서 부르는 말입니다. 며느리가 시아버지와 시어머니를 '아버님, 어머님'이라고 부르는 것도 이러한 이유입니다. 그렇지만 '엄마'와 '아빠'는 나를 낳아준 사람에게만 부르는 아주 특별한 말입니다. 그만큼 여러분에게 엄마와 아빠는 특별한 사람입니다.

핵심 낱말

대립 어휘 표현

부친상 : 모친상 | 부친 환갑 : 모친 환갑 | 부친 별세 10주기 : 모친 별세 10주기

주제 쓰기

대립 어휘 20

난이도 ✱✱
〈국어〉, 〈사회〉

계부(繼父) : 계모(繼母)

엄마가 재혼해서 결혼한 새아버지가 계**부**,
아버지가 재혼해서 결혼한 새어머니가 계**모**

계부와 계모는 정말로 나쁜 사람들일까?

전래 동화 콩쥐팥쥐에서 콩쥐는 계모한테 온갖 괴롭힘을 당합니다. 계모는 친딸인 팥쥐만 감싸 주고 의붓딸 콩쥐에게는 온갖 힘든 일을 시킵니다. 이렇게 계모가 나쁜 사람으로 등장하는 이야기는 외국의 동화에도 있습니다. 유명한 외국 동화 신데렐라에서도 계모가 학대를 하고 새 언니들이 심술을 부려서 신데렐라는 하녀처럼 힘든 나날을 보내지요. 원래 **계부**와 **계모**는 이혼하거나 죽은 아버지 또는 어머니의 역할을 계속한다는 뜻입니다. 계부와 계모를 의붓아버지, 의붓어머니라고 부르기도 합니다. 친아버지 - 친어머니, 친딸 - 친아들과 의붓아버지 - 의붓어머니, 의붓딸 - 의붓아들은 서로 대립되는 말입니다.

우리가 동화에서 읽었던 것처럼 실제로 계모나 계부가 모두 나쁜 사람이 아닙니다. 요즘에는 옛날 이야기와 다르게 재혼을 해서 잘 살고 있는 가족이 더 많습니다. 동화 속의 계부와 계모는 동화 속에서만 나쁜 사람입니다. 그래서 계부와 계모에 대해 부정적인 생각을 가질 필요가 없습니다.

핵심 낱말

대립 어휘 표현

계부의 사랑 : 계모의 사랑 | 계부의 학대 : 계모의 학대 | 계부의 성씨 : 계모의 성씨

대립 어휘 21

난이도 ***
〈사회〉

부성애(父性愛) : 모성애(母性愛)

자식에 대한 본능적인 아버지의 사랑은 **부**성애,
어머니의 사랑은 **모**성애

부성애와 모성애가 강한 동물들은 무엇이 있을까?

대부분의 포유동물들은 모성애가 강합니다. 그런데 문어는 포유동물은 아니지만 **모성애**는 포유동물보다 훨씬 뛰어납니다. 문어는 최대 4년 반 이상 똑같은 자리에서 알을 지킨다고 합니다. 이는 지구상에 알려진 그 어떤 동물보다도 긴 기간입니다. 어미 문어는 알을 지키느라 제대로 먹이를 먹지도 못하며, 알을 잡아먹으려는 포식자가 오면 자기 다리가 잘리더라도 끝까지 알을 지키려고 합니다. 마침내 알이 부화하면 탈진한 어미 문어는 수명을 다하게 됩니다.

반면 **부성애**가 강한 동물은 대표적으로 가시고기와 해마가 있습니다. 가시고기 암컷은 알을 낳자마자 죽기 때문에 수컷이 계속 알을 보호하게 됩니다. 알이 부화할 때가 되면 수컷도 수명이 다해서 죽게 되는데, 갓 태어난 새끼들은 죽은 아버지의 몸을 먹고 영양분을 섭취하게 됩니다. 그리고 해마의 경우 특이하게 수컷이 새끼를 낳습니다. 해마의 알은 암컷이 만들지만 그것이 수컷의 배에 있는 주머니에 들어가야만 부화가 됩니다. 그래서 해마 암컷이 수컷의 배에 알을 낳아 주면 알이 부화할 때까지 보호하는 것은 수컷의 몫입니다.

대립 어휘 표현

펭귄의 부성애 : 문어의 모성애 | 동물의 부성애 : 인간의 모성애 | 부성애 영화 : 모성애 영화

같은 **소리** 다른 **한자** 다음 한자를 익히고 예문의 빈칸을 채워 봅시다.

정답 p.235

부(否)
: 아니다

부정(否定) – 그렇지 않다고 단정하거나 옳지 않다고 반대함.
부인(否認) – 어떤 사실이 있음을 인정하지 않음.
거부(拒否) – 거절하여 받아들이지 않음.
안부(安否) – 평안함과 그렇지 않음에 대한 인사.

① 오랜만에 만난 친구가 학교 동창들의 _____를 전해 주었다.

② 늦은 시간이라 먹지 않으려고 했지만 결국 치킨의 유혹을 _____할 수 없었다.

③ 그 국회의원은 기사에 쓰인 사실을 _____하고 변명을 늘어 놓았다.

④ 범죄를 저지른 사람이 자기의 죄를 _____하고 있다.

모(模)
: 본뜨다

모방(模倣) – 다른 것을 본뜨거나 본받음.
모양(模樣) – 겉으로 나타나는 생김새나 모습.
모범생(模範生) – 학업이나 품행이 본받을 만한 학생.
규모(規模) – 사물이나 현상의 크기나 범위.

⑤ 새로 나온 음반의 인기가 전국적인 _____로 확대되었다.

⑥ _____은 창조의 어머니이다.

⑦ 그는 6년 동안 지각을 한 번도 하지 않은 _____이다.

⑧ 그가 미장원에서 머리 _____을 고치니 다른 사람처럼 보인다.

기본 문제

정답 p.235

1 다음은 소리가 같은 한자 '부'(父, 否)에서 만들어진 어휘들입니다. 뜻이 다른 한자에서 만들어진 어휘들을 묶어서 써 보세요.

거부 | 부모 | 안부 | 조부 | 부정 | 친부

ㄱ 아버지 부(父)

ㄴ 아니다 부(否)

2 다음은 소리가 같은 한자 '모'(母, 模)에서 만들어진 어휘들입니다. 뜻이 다른 한자에서 만들어진 어휘들을 묶어서 써 보세요.

부모 | 모성애 | 모방 | 계모 | 모창 | 모범

ㄱ 어머니 모(母)

ㄴ 본뜨다 모(模)

3 다음 어휘가 들어간 간단한 문장을 써 보세요.

모범생:

안부:

모양:

8

형, 언니와
동생

형제자매

兄 妹
弟 姉

형제는 형과 동생을 구분하는
대립 개념입니다. 먼저 태어난 남자가 형,
나중에 태어난 남자나 여자가 동생입니다.
자매는 여자들 간에만 사용합니다.
형제자매를 형제라고 부를 때도 있습니다.

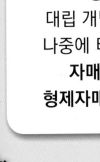

형제자매가 대립하는 표현

형제	자매		매형	매제
형부	제부		형수	제수
처형	처제		형제 나라	자매결연 학교

형제의 난	자매의 정
형제 관계	자매 관계
형제 대결	자매 대결
형제 선수	자매 선수

<table>
<tr><td>대립 어휘 22
난이도★★★
〈국어〉, 〈사회〉</td><td>매형(妹兄) : 매제(妹弟),
형수(兄嫂) : 제수(弟嫂)
누나의 남편이 매형, 여동생의 남편이 매제이고
형의 아내가 형수, 남동생의 아내가 제수</td></tr>
</table>

주제 쓰기

핵심 낱말

매형과 매제와 처남?

남자가 누나의 남편을 부를 때는 매형이라고 합니다. 그리고 여동생이 결혼을 한다면 여동생의 남편은 매제라고 불러야 합니다. 그리고 누나가 아닌 형이 결혼을 했다면 형의 아내를 형수라고 부르며, 남동생의 아내는 제수라고 불러야 합니다. 매형이나 매제는 나이에 상관없이 아내의 오빠나 동생을 처남이라고 부를 수 있지만, 처남의 나이가 많으면 형님이라고 부르는 경우가 더 많습니다.

형수는 남편의 남동생을 두 가지 호칭으로 부릅니다. 결혼을 하지 않은 남편의 남동생은 도련님이라 부르고, 결혼을 했다면 서방님이라고 불러야 합니다. 제수는 남편의 형을 부를 때 아주버니 또는 아주버님이라고 합니다.

대립 어휘 표현

매형 : 매제 | 형수 : 제수

주제 쓰기

핵심 낱말

대립 어휘 **23** 형제(兄弟) : 자매(姉妹)

난이도 **＊**
〈국어〉, 〈사회〉

형과 아우가 **형제**이고 언니와 동생이 **자매**

형, 언니, 동생 그리고 오빠?

형제간에는 먼저 태어난 사람을 **형**이라고 부르고 자매간에는 먼저 태어난 사람을 **언니**라고 부릅니다. 나중에 태어난 사람은 남자든 여자든 모두 **동생**이라고 하지요. **누나**는 남동생이 먼저 태어난 여자를 부르는 명칭이고, **오빠**는 여동생이 먼저 태어난 남자를 부르는 명칭입니다.

오빠는 본래 가족 간에만 사용하는 말이지만, 요즘에는 가족이 아닌 나이 많은 남자나 사랑하는 연인을 여자들이 오빠라고 부르는 경향이 있습니다. 이 경우는 오빠가 지닌 원래 의미에서 벗어난 명칭입니다. 그렇지만 언어는 사람들이 사용하면서 변화할 수 있기 때문에, 오빠의 의미도 점차 변화하고 있습니다. 그러나 결혼한 부부간에도 아내가 남편을 부를 때 '오빠'라고 하는 사람들이 있습니다. 우리말에는 부부간에 사용하는 '여보'라는 좋은 말이 있습니다. 언어는 변화하는 것이지만 아내가 남편을 '오빠'라고 부르는 것은 아이들의 올바른 언어 습득에 악영향을 끼칠 수 있어서 사용하지 않는 것이 옳습니다.

대립 어휘 표현

형제의 난 : 자매의 정 | 형제 관계 : 자매 관계 | 쌍둥이 형제 : 쌍둥이 자매

대립 어휘 24

난이도★★★
〈국어〉

형부(兄夫) : 제부(弟夫),
처형(妻兄) : 처제(妻弟)

언니의 남편이 **형**부, 여동생의 남편이 **제**부이고
아내의 언니가 처**형**, 아내의 여동생이 처**제**

주제 쓰기

새언니 오빠 언니 형부
올케 남동생 나 여동생 제부

핵심 낱말

형부와 처제, 제부와 처형?

　여자가 언니의 남편을 부를 때는 **형부**, 여동생의 남편을 부를 때는 **제부**라고 합니다. 형부는 아내의 여동생을 **처제**라고 하고, 아내의 언니를 **처형**이라고 하지요. 형부와 처제, 제부와 처형이 서로 상대를 부르는 말이 됩니다.

　지금까지 배운 매형, 매제, 처남, 형부, 처제, 제부, 처형 등의 낱말은 여러분이 아직 사용하지 않는 말입니다. 그렇지만 아빠가 엄마의 가족, 엄마가 아빠의 가족을 부르는 명칭을 여러분도 알아 두면 대화에 도움이 될 수 있습니다. 아빠가 처형 또는 처제라고 부르는 사람이 여러분에게는 이모입니다. 그리고 엄마가 형부, 제부라고 부르는 사람들이 이모부입니다.

대립 어휘 표현

형부 : 처제 | 제부 : 처형 | 형부 : 제부 | 처형 : 처제

같은 소리 다른 한자

다음 한자를 익히고 예문의 빈칸을 채워 봅시다.

정답 p.235

형(型)
: 모형, 틀, 거푸집

대형 (大型) – 같은 종류에서 큰 규모.

소형 (小型) – 같은 종류에서 작은 규모.

모형 (模型) – 모양이 같은 물건을 만들기 위한 틀이나 모방하여 만든 물건.

전형적 (典型的) – 어떤 특징을 가장 잘 나타내는 것.

① 심청이는 효녀를 상징하는 _____인 인물이다.

② 기름값이 비싸지자 기름을 덜 먹는 _____차를 사려는 사람이 늘었다.

③ 부피가 큰 _____ 소포를 보낼 때는 배송비가 많이 든다.

④ 강변에서 아이들이 _____ 비행기를 날리면서 즐거운 시간을 보내고 있었다.

제(題)
: 제목

제목 (題目) – 작품의 내용을 한마디로 표현한 것.

문제 (問題) – 답을 요구하는 질문.

숙제 (宿題) – 집에서 하도록 학생들에게 내 주는 과제.

주제 (主題) – 대화나 연구의 중심이 되는 것.

⑤ 작가는 독자에게 전달하고 싶은 _____를 잘 잡아야 좋은 글을 쓸 수 있다.

⑥ _____을 잘 지으면 그것만으로도 사람들의 주목을 받을 수 있다.

⑦ 기존에 출제되었던 _____를 아무리 많이 풀어 보아도 창의성이 향상되지 않는다.

⑧ 담임선생님께서 독후감을 써 오라는 _____를 내주셨다.

기본 문제

정답 p.235

1 다음은 소리가 같은 한자 '형'(兄, 型)에서 만들어진 어휘들입니다. 뜻이 다른 한자에서 만들어진 어휘들을 묶어서 써 보세요.

형제 | 모형 | 형수 | 대형 | 매형 | 소형

㉠ 형 형(兄):

㉡ 모형 형(型):

2 다음은 소리가 같은 한자 '제'(弟, 題)에서 만들어진 어휘들입니다. 뜻이 다른 한자에서 만들어진 어휘들을 묶어서 써 보세요.

주제 | 형제 | 제수 | 제목 | 문제 | 처제 | 숙제

㉠ 아우, 동생 제(弟):

㉡ 제목 제(題):

3 다음 어휘가 들어간 간단한 문장을 써 보세요.

모형:

숙제:

대형:

정답 p.236

한국어와 한글

한국어(韓國語)와 한글은 다른 뜻

우리말에서 다음과 같이 쓰인 '한글'은 모두 잘못된 표현입니다.

▷ 한글에는 한자어가 많아서 배우기 어렵다.

▷ 그 사람은 외국인인데 한글을 잘한다.

▷ 한글을 제대로 할 수 있어야 영어를 잘할 수 있다.

위에 쓰인 한글이 왜 잘못된 표현일까요? 한국어와 한글은 완전히 다른 뜻을 가진 말입니다. **한국어**는 우리가 의사소통을 하는 언어입니다. 우리나라에서 한국어, 우리말, 한국말은 모두 같은 의미입니다. 그렇지만 **한글**은 언어가 아니라 한국어를 표기하는 글자 또는 문자입니다. 문자는 언어가 아닙니다.

글자가 없는 언어

삼국시대와 고려 시대에는 한글은 없었지만 한국어는 있었습니다. 세종대왕이 한글을 만들기 전에는 우리말을 한글로 기록할 수 없어서 한자의 소리나 뜻을 빌려서 기록하기도 했습니다. 지금도 세상에는 글자가 없는 언어가 많습니다. 그 언어를 사용하는 사람들은 자기 말을 글자로 기록할 수 없습니다. 그들이 말을 배울 때는 오직 어른들과의 대화를 통해서 배워야 합니다.

위에 쓰인 문장의 '한글'은 모두 한국어 또는 한국말로 바꾸어 써야 옳습니다.

▷ 한국어에는 한자어가 많아서 배우기 어렵다.

▷ 그 사람은 외국인인데 한국어를 잘한다.

▷ 한국어를 제대로 할 수 있어야 영어를 잘할 수 있다.

한글과 알파벳

한국어와 한글이 다른 뜻임을 영어와 알파벳과 비교해 보겠습니다.
다음과 같은 문장은 모두 잘못된 표현입니다.

▷ 조기에 배운다고 모든 사람이 알파벳을 잘하는 것은 아니다.

▷ 그 아이는 3학년 때부터 열심히 공부를 하더니 지금 알파벳을 참 잘해.

▷ 그 외국인 선생님은 수업 시간에 한국말을 몰라서 알파벳으로만 말을 해.

한글과 알파벳

위에 쓰인 문장이 잘못된 문장임을 쉽게 알 수 있는 이유는 영어와 알파벳은 서로 다른 뜻임을 우리가 명확하게 알고 있기 때문입니다. 영어와 알파벳이 다르듯이 한국어와 한글은 다른 뜻입니다. 위에 쓰인 문장에서 알파벳은 모두 영어로 바꾸어야 옳은 문장이 됩니다.

▷ 조기에 배운다고 모든 사람이 영어를 잘하는 것은 아니다.
▷ 그 아이는 3학년 때부터 열심히 공부를 하더니 지금 영어를 참 잘해.
▷ 그 외국인 선생님은 수업 시간에 한국말을 몰라서 영어로만 말을 해.

여러분은 한글과 한국어를 혼동하지 말아야 합니다. 여러분이 하고 있는 말은 한국어이지 한글이 아니고, 세종대왕께서 창제한 것은 한글이지 한국어가 아닙니다.

모국어 열쇠 활용 문제

다음 문장에서 한글과 한국어 중에서 적당한 것을 써 넣으세요.

① _____에는 '배, 밤'처럼 소리는 같지만 뜻이 다른 낱말이 많다.

② 학교에 입학하기 전에 미리 _____을 배우는 어린이가 많다.

③ _____에는 다양한 숫자 표현이 있어서 외국인이 배우기가 어렵다.

④ _____은 과학적인 문자라서 배우기가 매우 쉽다.

⑤ _____은 기역(ㄱ), 니은(ㄴ) 등의 자음과 아(ㅏ), 야(ㅑ) 등의 모음으로

구성되어 있다.

⑥ _____에는 같은 의미의 한자가 들어가 있는 한자어가 많다.

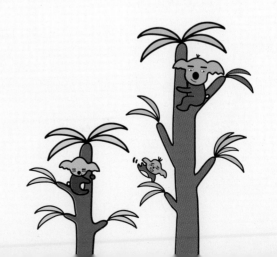

심화 문제

1 다음 빈칸에 존함을 써 넣고 어머니와 아버지의 생년월일을 써 넣으세요.

어머니		아버지	
할머니		할아버지	
외할머니		외할아버지	
어머니 생년월일		아버지 생년월일	

2 다음 문장에 알맞은 단어를 골라서 동그라미를 그려 봅시다.

㉠ 요즘 텔레비전에서 가수의 목소리를 흉내내는 (모창 / 합창) 대회가

인기가 좋다.

㉡ 창조는 (모방 / 모범)에서 시작된다.

㉢ 오랜만에 뵙습니다. 진작 (안부 / 거부) 인사를 드렸어야 하는데 죄송합니다.

㉣ 자동차의 크기가 큰 것은 (대형 / 소형) 자동차이다.

㉤ 글의 전체 (주제 / 과제)에 맞지 않는 내용은 과감히 삭제해야 한다.

㉥ 기와집과 초가집은 우리나라 전통 건물의 (기형적 / 전형적)인 모습이다.

정답 p.236

3 다음 어휘들 중에서 2개 이상 고른 후 그 어휘들이 들어간 짧은 글을 써 보세요.

부친 | 모친 | 모성애 | 부성애 | 형제 | 자매 | 전형적 | 숙제

4 다음은 우리말에서 친족을 부르는 용어입니다. 여러분의 친족 중에 있는 분만 찾아서 동그라미를 치고 그 분들의 존함을 써 보세요.

아빠의 형제자매와 배우자

큰아버지		큰엄마	
작은아버지		작은엄마	
큰삼촌		작은삼촌	
큰고모		큰고모부	

엄마의 형제자매와 배우자

큰이모		큰이모부	
작은이모		작은이모부	
큰외삼촌		큰외숙모	
작은외삼촌		작은외숙모	

학습할 내용

9. 생사(生死): 살고 죽음

대립 어휘 25. 출생(出生) : 사망(死亡)

대립 어휘 26. 전생(前生) : 사후(死後)

대립 어휘 27. 생존자(生存者) : 사망자(死亡者)

같은 소리 다른 한자

사(事) "일"

사고(事故) / 사건(事件) / 사례(事例) / 사실(事實)

사(士) "선비"

학사(學士) / 석사(碩士) / 박사(博士) / 기사(騎士) / 병사(兵士)

10. 유무(有無): 있고 없음

대립 어휘 28. 유인(有人) : 무인(無人)

대립 어휘 29. 유명(有名) : 무명(無名)

대립 어휘 30. 유한(有限) : 무한(無限)

같은 소리 다른 한자

유/류(流) "흐르다"

급류(急流) / 교류(交流) / 표류(漂流) / 유출(流出) / 유행(流行)

무(武) "굳세다"

무기(武器) / 무술(武術) / 무장(武裝) / 무력(武力)

5장

—

생 生 死 사

생사는 태어남과 죽음을 나타내는 대립 개념입니다. 생(生)은 태어남 외에도 살아남음, 새롭게 생겨남을 뜻하기도 합니다. 사(死)는 죽음과 더불어 사라짐, 없어짐도 의미합니다.

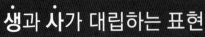

생과 사가 대립하는 표현

출생	사망
전생	사후
생존자	사망자

출생률	사망률
생일	사망일
생존자	사상자

생육신	사육신
탄생	사멸
출생신고	사망신고
출생증명서	사망증명서

대립 어휘 **25**	출생(出生) : 사망(死亡)
난이도 ✲✲ 〈사회〉	사람이 세상에 태어나는 것이 **출생**이고, 사람이 죽는 것이 **사망**

주제 쓰기

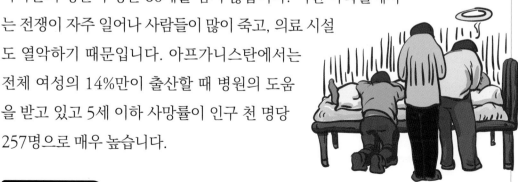

왜 나라마다 평균 수명이 다를까?

출생부터 **사망**까지의 기간이 수명입니다. 평균 수명은 어떤 지역에 사는 사람들이 얼마나 오래 사는지를 계산하여 평균을 낸 결과입니다. 평균 수명은 한 지역에서 1년 동안 사망한 사람들의 나이를 모두 더한 뒤 사람들의 수로 나누어 계산합니다. 2012년 한국인의 평균 수명은 약 81.3세로 아이슬란드와 동일합니다. 세계에서 평균 수명이 가장 긴 나라는 일본으로 83.2세입니다. 독일은 81세, 미국은 78.7세로 한국보다 낮습니다. 선진국의 평균 수명은 대부분 79세 이상이며 평균은 80.2세입니다. 사람들이 사는 환경이 좋고 의학이 발달했기 때문이지요.

하지만 일반적으로 후진국의 평균 수명은 짧은 편입니다. 평균 수명이 가장 짧은 나라는 아프가니스탄으로 약 44세입니다. 그리고 아프리카에 있는 많은 나라들의 평균 수명은 60세를 넘지 않습니다. 이런 나라들에서는 전쟁이 자주 일어나 사람들이 많이 죽고, 의료 시설도 열악하기 때문입니다. 아프가니스탄에서는 전체 여성의 14%만이 출산할 때 병원의 도움을 받고 있고 5세 이하 사망률이 인구 천 명당 257명으로 매우 높습니다.

핵심 낱말

대립 어휘 표현
출생신고 : 사망신고 | 출생지 : 사망지 | 출생률 : 사망률

대립 어휘 **26** 전생(前生) : 사후(死後)

난이도 ✱✱
〈국어〉

현재의 삶 이전에 살았던 삶이 전**생**,
삶이 끝난 뒤가 **사후**

우리는 전생에 무엇이었을까?

불교에서는 태어나기 이전이나 죽은 후에도 또 다른 세상이 있다고 믿습니다. 지금 자신이 살고 있는 삶은 **전생**에서 자신이 했던 일에 따라서 결정된 것입니다. 그래서 우리는 전생에 사람이 아닌 개나 소, 말, 돼지 등의 동물이었을 수도 있습니다. 불교에서는 우리가 사람으로 태어날 수 있었던 이유는 전생에 좋은 일을 많이 했기 때문이라고 합니다. 반대로 현재의 동물들은 전생에 사람이었을 수도 있습니다. 전생에서 죄를 많이 지었기 때문에 동물로 태어났다고 합니다.

기독교에서는 사람이 죽은 뒤에 가는 **사후** 세계가 있다고 믿습니다. 사람들은 사후 세계에서 그 동안 착하고 바르게 살았는지 아닌지 심판을 받습니다. 착하게 살았던 사람들은 천국에 올라가 영원히 행복을 누리면서 지내게 되고, 죄를 많이 지은 사람들은 지옥에 떨어져 영원히 고통을 받게 됩니다. 탄생, 삶, 죽음에 대한 불교와 기독교의 관점 중에서 어느 쪽이 여러분이 참된 삶을 사는데 도움이 될까요?

대립 어휘 표현

전생의 미스터리 : 사후 세계 | 전생의 기억 : 사후 세계 체험
전생의 업보 : 사후 세계에서의 심판

대립 어휘 **27**

난이도 ✱✱
〈사회〉, 〈도덕〉

생존자(生存者) : 사망자(死亡者)

살아 있거나 살아 남은 사람이 **생존자**,
죽은 사람이 **사**망자

주제 쓰기

우리는 왜 재난에 대비해야 할까?

재난은 수많은 사람들에게 피해를 줍니다. 재난의 종류는 3가지가 있습니다. 먼저 자연적 재난은 태풍과 허리케인, 화산 폭발, 홍수, 폭우, 폭설, 지진, 쓰나미, 가뭄 등의 자연 현상으로 수없이 일어납니다. 두 번째로는 인적 재난이 있습니다. 인적 재난은 사람이 일으키는 사고입니다. 교통사고나 화재, 건물 붕괴 등이 모두 인적 재난에 포함됩니다. 우리나라에서는 삼풍 백화점과 성수대교 붕괴, 세월호 침몰 사고 등 수많은 **사망자**가 나왔던 인적 재난이 있었습니다. 마지막으로는 사회적 재난이 있는데 이는 국가와 사회를 무너뜨릴 수도 있을 만큼 무서운 재난입니다. 대표적인 사회적 재난에는 전염병, 테러, 전쟁, 정전 등이 있습니다. 사회적 재난으로 대규모의 사망자가 발생할 수 있습니다.

대부분의 재난은 예고 없이 닥칩니다. 그래서 언제 어디서 누구에게 재난이 일어날지 정확히 알 수 없습니다. 그래서 우리는 재난 상황에 대처할 수 있는 안전 교육을 잘 받아야 합니다. 평소에 안전 교육을 잘 받으면 재난이 닥쳤을 때 **생존자**가 될 수 있습니다. 그리고 인적 재난은 철저한 사전 점검으로 충분히 예방할 수 있습니다. 우리가 재난에 대비하기 위해서 할 수 있는 일에는 어떤 것이 있을까요?

핵심 낱말

대립 어휘 표현

생존자 구조 : 사망자 수습 | 유일한 생존자 : 유일한 사망자
사고 생존자 수 : 사고 사망자 수

같은 소리 다른 한자

다음 한자를 익히고 예문의 빈칸을 채워 봅시다.

정답 p.236

사(事)
: 일

사고 (事故) – 뜻밖에 일어난 불행한 일.
사건 (事件) – 사람들의 관심을 받을 만한 일.
사례 (事例) – 실제로 어떤 일이 일어났던 예.
사실 (事實) – 실제로 있었던 일.

① 지금까지 대한민국처럼 짧은 기간 내에 빠르게 성장한 _____는 없었다.

② 그는 불행하게도 예상치 못했던 _____를 당해서 심하게 다쳤다.

③ 거짓말 하지 말고 알고 있는 _____대로 말해야 한다.

④ 온 국민의 이목이 집중된 그 _____은 나라를 발칵 뒤집어 놓았다.

사(士)
: 선비

학사 (學士) – 대학을 졸업하고 받는 학위.
석사 (碩士) – 대학원 석사 과정을 졸업하고 받는 학위.
박사 (博士) – 박사 논문을 쓰고 받는 학위나 어떤 일을 매우 잘하는 사람.
기사 (騎士) – 말을 탄 무사.
병사 (兵士) – 군대에서 복무하는 군인.

⑤ 전쟁에 참여한 많은 _____들이 장수의 지휘하에 용감하게 싸웠다.

⑥ 그는 학사 과정을 마치고 바로 _____과정에 입학했다.

⑦ 대학교에서 4년간 공부하고 졸업하면 _____학위를 받는다.

⑧ 그 동화는 말을 타고 공주를 지키는 용감한 _____에 대한 이야기이다.

⑨ 내 친구는 컴퓨터라면 모르는 것이 없는 컴퓨터 _____이다.

기본 문제

정답 p.236

1 다음은 소리가 같은 한자 '사'(死, 事, 士)에서 만들어진 어휘들입니다. 뜻이 다른 한자에서 만들어진 어휘들을 묶어서 써 보세요.

기사 | 사례 | 박사 | 병사 | 사실 | 사후 | 사건 | 사망

> ㉠ 죽다 사(死):

> ㉡ 일 사(事):

> ㉢ 선비 사(士):

2 다음 어휘가 들어간 간단한 문장을 써 보세요.

> 박사:

> 사건:

> 출생:

> 사상자:

유무는 있음과 없음을 나타내는 대립 개념입니다.
일반적으로 한자 앞에 **유(有)**와 **무(無)**를 붙여서 있음과 없음을 표현합니다.

유와 무가 대립하는 표현

				유형	무형
유인	무인	유효	무효	유죄	무죄
유명	무명	유식	무식	유선	무선
유한	무한	유채색	무채색	유료	무료

대립 어휘 28

난이도 ✱✱
〈과학〉

유인(有人) : 무인(無人)

기계를 직접 작동하거나 운전하는 사람이
있으면 **유**인, 사람이 없으면 **무**인

주제 쓰기

과학적 발명에 한계가 있을까?

과거에는 **사람**이 직접 모든 기계를 운전하고 동
작시켜야만 했습니다. 그러나 현대 사회에서는
사람을 대신해서 스스로 알아서 작동하는 기계
가 많이 생겼습니다. 이러한 **무인** 기계는 사람이 편리하게 생활할 수 있도록 돕
거나 사람이 직접 하기 어려운 일에 사용되기도 합니다. 예를 들면 로봇 청소기
는 사람이 조종하지 않아도 알아서 바닥의 먼지를 청소해 줍니다. 그 외에도 무
인 정찰기, 무인 우주선, 무인 잠수정 등은 사람이 직접 가기에는 위험한 곳에
서 임무를 수행합니다.

핵심 낱말

한편 기계가 사람 대신에 쓰이기 시작하면서 사람의 일자리를 빼앗는다고
걱정하는 사람들도 있습니다. 하지만 세상에는 기
계가 아닌 사람만이 할 수 있는 일들이 여전히 많이
남아 있습니다. 먼 미래에 과학 기술이 훨씬 더 발전
해도 사람만이 할 수 있는 일들은 무엇이 있을까요?
여러분은 사람을 대신하는 기계를 만들고 싶은가요
아니면 직접 어떤 일을 하고 싶은가요?

대립 어휘 표현

유인 우주선 : 무인 우주선 | **유인 비행기** : 무인 비행기 | **유인 탐사** : 무인 탐사

주제 쓰기

대립 어휘 29

난이도 ✽
〈미술〉

유명(有名) : 무명(無名)

이름이 널리 알려져 있는 것이 **유**명이고
그렇지 않으면 **무**명

핵심 낱말

죽은 뒤에 유명해진 사람은 누가 있을까?

'호랑이는 죽어서 가죽을 남기고 사람은 죽어서 이름을 남긴다'는 말이 있습니다. 위대한 업적을 남긴 사람이라면 그 이름이 죽어서도 오랫동안 기억된다는 뜻입니다. 책꽂이에 꽂혀 있는 위인전들에 나오는 수많은 사람들은 모두 그런 사람들입니다. 대부분의 위인들은 살아 있는 동안 고난과 역경을 이겨내고 수많은 업적을 이루어 그 이름을 남겼습니다. 위인들 중에는 살아있을 때부터 유명한 사람도 있지만 살아있을 때는 **무명**이었으나 죽은 뒤에 크게 **유명**해진 사람도 있습니다. 그 중의 한 사람이 고흐입니다.

고흐는 제대로 된 미술 교육을 받지 못했지만 자신이 존경하는 화가들의 그림을 따라 그리면서 실력이 늘었고, 결국 자신만의 독특한 그림을 그리게 되었습니다. 그는 살아 있을 때 2,000여 점에 달하는 작품을 남겼지만 그의 작품은 단 하나밖에 팔리지 않았습니다. 고흐는 가난에 시달리며 정신 질환까지 겹쳐 불우한 삶을 살다가 불과 37세에 세상을 떠났습니다. 그러나 시간이 흐른 뒤 그의 그림은 높은 평가를 받고 매우 비싼 값에 팔려 나갔습니다. 고흐와 같은 시대에 살았던 사람들은 그를 몰랐지만 우리는 그의 이름을 잘 알고 있습니다. 여러분은 살아서 아니면 죽은 후에 유명해지고 싶은가요?

대립 어휘 표현

유명 배우 : 무명 배우 | 유명 작가 : 무명 작가 | 유명 선수 : 무명 선수

주제 쓰기

대립 어휘 **30**	**유한**(有限) : **무한**(無限)
난이도 ✱✱✱ 〈수학〉	수나 양, 시간이나 공간 등에 일정한 한계가 있는 경우가 **유**한, 그렇지 않은 경우가 **무**한

유한한 것과 무한한 것에는 어떤 것이 있을까?

　우리가 수학에서 사용하는 1, 2, 3…등의 수를 자연수라고 합니다. 자연수와 대립하는 수가 마이너스 자연수(-1, -2, -3…)입니다. 자연수와 마이너스 자연수는 끝이 없는 무한한 수입니다. 이렇게 1, 2, 3… 그리고 -1, -2, -3…과 숫자 0을 모두 합쳐서 정수라고 합니다. 그러니까 정수는 자연수, 0, -자연수를 포함하는 개념입니다. 그래서 자연수는 양의 정수, -자연수는 음의 정수라고도 합니다. 정수는 무한한 수입니다. 그런데 '1부터 100까지의 자연수' 또는 '1부터 10만까지의 자연수'는 모두 유한한 수입니다. 숫자가 많아도 셀 수 있습니다. 이처럼 숫자의 한계가 있으면 **유한**수, 한계가 없으면 **무한**수가 됩니다. 수학에서 끝을 알 수 없는 숫자를 나타낼 때는 ∞로 표시합니다.

$$\{ 1\ 2\ 3\ 4\ 5 \} \qquad \pi = 3.141592653589\cdots\infty$$

핵심 낱말

　우리말의 숫자 단위에는 일, 십, 백, 천, 만, 억, 조, 경, 해, 자, 양, 구 등이 있습니다. 2015년 1월 지구상에는 약 7,291,281,683명이 살고 있습니다. 인구는 아무리 늘어나도 한계가 있기 때문에 셀 수 있습니다. 사람의 머리카락 수, 한국어의 낱말의 수 등도 그 수가 크지만 셀 수 있는 유한수입니다. 그렇다면 세상에 그 수가 무한한 것은 무엇이 있을까요?

대립 어휘 표현

유한한 자원 : 무한한 자원 | 유한집합 : 무한집합 | 유한한 능력 : 무한한 능력

같은 소리 다른 한자
다음 한자를 익히고 예문의 빈칸을 채워 봅시다.

정답 p.236

유/류(流)
: 흐르다

급류 (急流) – 물이 빠른 속도로 흐름.
교류 (交流) – 서로 다른 물줄기가 서로 섞이어 흐름.
표류 (漂流) – 물 위에 떠서 정처 없이 흘러감.
유출 (流出) – 밖으로 흘러 나감.
유행 (流行) – 일시적으로 많은 사람에게 인기가 있어 널리 퍼짐.

① 최근에 가수 싸이의 강남스타일이 전세계적으로 _____ 했다.

② 한국, 중국, 일본 세 나라는 오래 전부터 서로 _____ 가 활발했다.

③ 그는 바다에서 _____ 하다가 지나가던 배에 의해 구조되었다.

④ 난파된 유조선에서 엄청난 양의 기름이 _____ 되었다.

⑤ 어린아이가 계곡에서 _____ 에 휩쓸려 순식간에 떠내려갔다.

무(武)
: 굳세다

무기 (武器) – 전쟁에 사용되는 기구.
무술 (武術) – 신체나 무기를 쓰는 기술.
무장 (武裝) – 싸움에 대비하기 위하여 필요한 장비를 갖춤.
무력 (武力) – 사람이나 군대가 지닌 힘.

⑥ 전쟁이 일어날 것에 대비하기 위하여 단단히 _____ 하라.

⑦ 새롭고 강한 _____ 덕분에 적과 싸워서 이길 수 있었다.

⑧ 적을 무찌르는 가장 좋은 방법은 _____ 이 아니라 말이다.

⑨ 태권도는 우리나라의 전통 _____ 이다.

기본 문제

정답 p.236

1 다음은 소리가 같은 한자 '유'(有, 流)에서 만들어진 어휘들입니다. 뜻이 다른 한자에서 만들어진 어휘들을 묶어서 써 보세요.

표류 | 유한 | 급류 | 유명 | 유출 | 유행 | 유료 | 유인

ㄱ 있다 유(有):

ㄴ 흐르다 유/류(流):

2 다음은 소리가 같은 한자 '무'(無, 武)에서 만들어진 어휘들입니다. 뜻이 다른 한자에서 만들어진 어휘들을 묶어서 써 보세요.

무장 | 무명 | 무기 | 무료 | 무한 | 무술

ㄱ 없다 무(無):

ㄴ 굳세다 무(武):

3 다음 어휘가 들어간 간단한 문장을 써 보세요.

한류:

무술:

유행:

정답 p.236

모국어, 외국어, 공용어

모국어(母國語)와 외국어(外國語)

지구에 살고 있는 인간은 누구나 하나의 모국어를 가지고 있습니다. 모국어가 없는 인간은 지구인이 아닙니다. 모국어가 아닌 다른 언어가 외국어입니다. 모국어는 인간이 본능적으로 습득한 언어입니다. 그래서 어린 아이도 모국어의 규칙을 배우지 않고도 자유롭게 말을 할 수 있습니다. 이것을 직관이라고 합니다. 모국어의 직관은 규칙을 배우지 않고 본능적으로 말을 하고 잘못된 표현과 올바른 표현을 구별하는 능력입니다.

외국어는 본능적으로 습득한 언어가 아닙니다. 외국어는 학습해서 배운 언어입니다. 그래서 외국어는 규칙을 배우고 학습을 해야 말을 할 수 있습니다. 모국어가 한국어인 아이가 학습해서 배운 영어를 모국어처럼 말하기는 쉽지 않습니다. 영어는 아이들에게 모국어가 아니라 외국어이기 때문입니다.

▷ **직관** (直觀) – 깊은 생각을 거치지 않고 대상을 직접적으로 파악하는 작용.
▷ **본능** (本能) – 세상에 태어나면서부터 이미 갖추고 있는 능력.

모국어(母國語)와 공용어(公用語)

한 나라 안에서 공식적으로 쓰는 언어를 공용어라고 합니다. 우리는 한국어를 공용어로 사용합니다. 중국에서는 중국어, 일본에서는 일본어가 공용어입니다. 그렇지만 어떤 국가에서는 국가의 명칭과 공용어가 일치하지 않습니다. 미국에서 사용하는 공용어는 미국어가 아니라 영어입니다. 호주와 영국에서도 공용어는 영어입니다.

한 국가의 공용어가 여러 개인 경우도 있습니다. 스위스는 독일어, 프랑스어, 이탈리아어, 로망슈어를 공용어로 사용합니다. 핀란드는 핀란드어와 스웨덴어, 캐나다는 영어와 프랑스어, 벨기에는 독일어, 프랑스어, 네덜란드어를 공용어로 채택했습니다. 이 나라에서 살고 있는 국민들이 국가가 채택한 공용어를 모두 잘하는 것은 아닙니다. 스위스, 벨기에, 핀란드의 국민은 자기의 모국어 하나만 사용해도 됩니다. 그렇지만 그 나라 사람들은 모국어 외에 공용어를 배우기도 합니다.

**모국어 열쇠
활용 문제**

① 다음 빈칸에 모국어, 공용어, 외국어 중에서 골라서 써 넣으세요.

㉠	엄마가 사용하고 태어나서 처음으로 배우는 언어	
㉡	모국어를 습득하고 나서 나중에 배우는 언어	
㉢	한 국가에서 공식적으로 사용하기로 결정한 언어	

② 다음 나라의 국어 또는 주로 사용되는 언어를 써 넣으세요.

한국	한국어
일본	
영국	
브라질	
핀란드	
캐나다	
아르헨티나	

호주	영어
미국	
이탈리아	
독일	
프랑스	
중국	
러시아	

심화 문제

1 다음 표에 대립하는 한자어로 빈칸을 완성해 봅시다.

유죄	무죄
생존자	
생존	
유한	

전생	사후
유인	
유료	
	무명

2 다음 문장의 빈칸에 알맞은 단어를 넣어 봅시다.

유출 | 급류 | 사실 | 박사 | 무술 | 합류

㉠ 경호원들은 태권도, 유도, 검도 등의 실력을 갖춘 _____ 유단자들이다.

㉡ 비가 갑자기 쏟아져서 많은 동물이 _____에 휩쓸려 떠내려갔다.

㉢ 그는 도착 장소에서 우리와 _____ 하기로 했다.

㉣ 그 _____ 는 기계 공학 분야에서 손꼽히는 권위자이다.

㉤ 네가 믿고 싶지 않겠지만 그것은 _____ 이다.

㉥ 핵심 기술이 중국으로 _____ 될 우려가 있다는 소식입니다.

정답 p.236

3 다음 어휘들 중에서 2개 이상 고른 후 그 어휘들이 들어간 짧은 글을 써 보세요.

학사 | 박사 | 석사 | 사실 | 사례 | 사고 | 무기 | 무장 | 무력

4 여러분은 장래 어떤 직업에서 일을 하고 싶은가요?

사람들은 성장을 하면 직업을 갖게 됩니다. 부모님이 원하는 직업과 자신이 하고 싶은 일이 다를 수도 있습니다. 어린 시절에 하고 싶었던 일과 성장을 해서 하고 싶은 일이 달라질 수도 있습니다. 어린 시절에는 대통령, 선생님, 의사, 경찰, 군인이 되겠다고 했지만 나중에 다른 직업을 가질 수 있습니다. 직업에 대한 생각은 계속해서 바뀝니다. 여러분이 미래에 하고 싶은 일은 무엇일까요?

㉮ 내가 미래에 갖고 싶은 직업은?

㉯ 그 직업을 갖고 싶은 이유는?

학습할 내용

11. 대소(大小) : 크고 작음

대립 어휘 31. 대인(大人) : 소인(小人)

대립 어휘 32. 최대(最大) : 최소(最小)

대립 어휘 33. 강대국(强大國) : 약소국(弱小國)

같은 소리 다른 한자

대(代) "대신하다, 시대"

대신(代身) / 대표(代表) / 시대(時代) / 현대(現代)

소(所) "바라다, 장소"

소문(所聞) / 소원(所願) / 소중(所重) / 장소(場所) / 주소(住所)

12. 다소(多少) : 많고 적음

대립 어휘 34. 다수(多數) : 소수(少數)

대립 어휘 35. 최다(最多) : 최소(最少)

대립 어휘 36. 대소(大小) : 다소(多少)

같은 소리 다른 한자

다(茶) "차"

다도(茶道) / 다과회(茶菓會) / 다반사(茶飯事) / 다방(茶房)

소(笑) "웃다"

미소(微笑) / 조소(嘲笑) / 박장대소(拍掌大笑) / 냉소(冷笑)

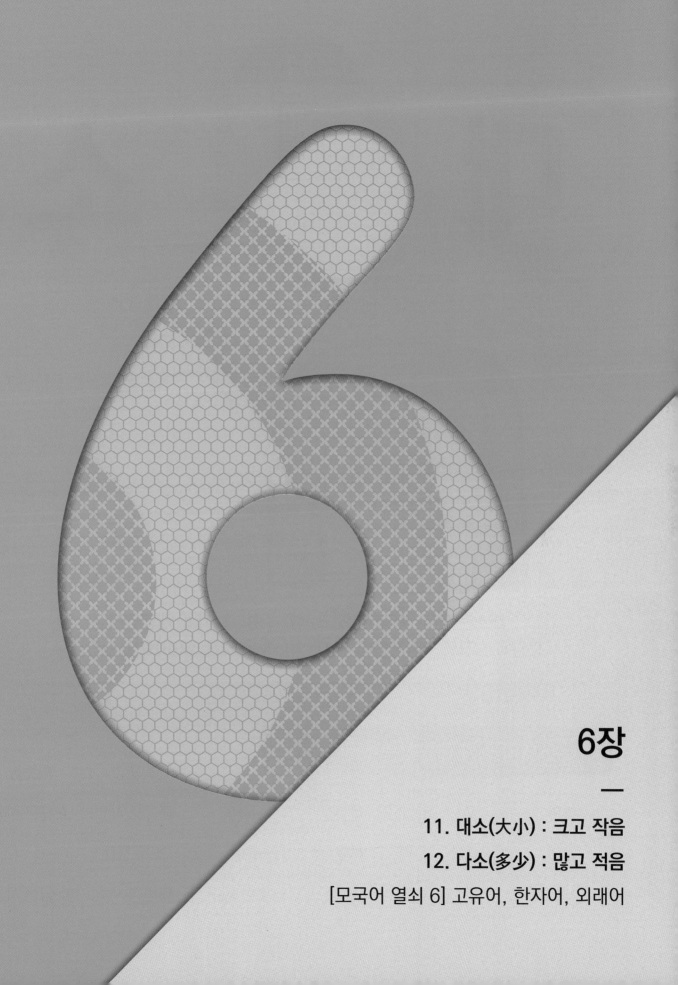

6장

—

대소는 모양, 숫자, 힘의 크기를 표현하는 대립 개념입니다.
모양과 숫자의 크기가 큰 것은 **대(大)**, 작은 것은 **소(小)**로 표현합니다.

대와 소가 대립하는 표현

					최댓값	최솟값
대인	소인		대형	소형	대규모 사업	소규모 사업
최대	최소		확대	축소	소득 증대	소득 감소
강대국	약소국		거대한 체구	왜소한 체구	대범한 사람	소심한 사람

대립 어휘 **31** 대인(大人) : 소인(小人)

난이도 *
〈국어〉, 〈도덕〉

마음이 넓고 덕이 많은 사람이 **대인**,
그렇지 않은 사람이 **소인**

대인은 키가 큰 사람,
소인은 키가 작은 사람일까?

우리는 몸집과 키가 큰 사람이 대인, 작은
사람이 소인이라 생각할 수 있습니다. 찜질
방이나 목욕탕에서 대인은 7000원, 소인은
4000원이라는 표현이 있는데, 이것은 다른 표현으로 바꿔야 합니다. 매표소
에서는 성인/청소년/어린이로 구분해야 맞습니다. 왜냐하면 대인은 큰 사람,
소인은 작은 사람이 원래 의미라서 성인 중에도 키가 작은 사람이 있고, 어린
이도 키가 성인보다 큰 사람이 있기 때문입니다. 그래서 청소년보다 나이가 많
은 사람은 성인, 몸집과 키가 큰 사람은 대인보다는 거인을 씁니다. 더 중요한
것은 우리말에서 대인과 소인은 매우 다른 뜻으로 사용되기 때문입니다. 그러
면 대인과 소인은 어떤 의미로 사용할까요?

대인은 상대의 단점보다 장점, 외모보다 내면을 봅니다. 대인은 상대를 이
용하거나 깔보지 않습니다. 반대로 상대의 외면만 보고 얕잡아 보는 사람이
소인입니다. 우리는 수단과 방법을 가리지 않고 자신만의 이익을 추구하는
사람들을 더 낮추어서 소인배라고 부르기도 합니다. 이제
왜 매표소에 써 있는 대인과 소인을 다른 표현으로 바꾸어야
하는지 알겠지요?

다 내꺼야!!

대립 어휘 표현

대인배 : 소인배 | 대인국 : 소인국 | 대인 요금 : 소인 요금

주제 쓰기

대립 어휘 32 최대(最大) : 최소(最小)
난이도 ✱✱
〈수학〉

가장 큰 것이 최대, 가장 작은 것이 최소

왜 수학에 최소공배수는 있고 최대공배수는 없을까?

수학에서 어떤 수의 공통적인 배수는 공배수, 공통적인 약수는 공약수입니다. 예를 들어 볼까요? 숫자 4와 8을 나누어서 나머지가 없이 딱 떨어지는 수가 바로 4와 8의 공약수입니다. 4와 8의 공약수는 1, 2, 4이고 그 중 제일 큰 4가 최대공약수입니다. 그리고 2와 3으로 다 나누어질 수 있는 수를 2와 3의 공배수라고 합니다. 2와 3으로 다 나누어지는 공배수는 6, 12, 18... 등이 있지요. 공배수 중에서 가장 작은 수는 6입니다. 여러 공배수인 숫자 중에서 최소 숫자인 6이 2와 3의 최소공배수입니다.

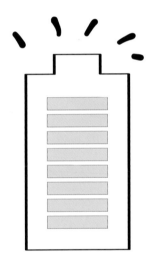

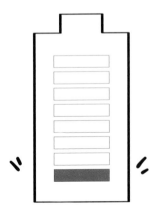

최대공약수는 공통의 약수 중에서 가장 큰 수이고, **최소**공배수는 공통의 배수 중에서 가장 작은 수입니다.

수학에 최소공약수와 최대공배수라는 용어는 없습니다. 모든 숫자들의 최소공약수는 항상 1이고, 최대공배수는 알 수 없기 때문입니다. 그래서 수학에는 최대공약수와 최소공배수의 개념만 있는 것입니다.

핵심 낱말

대립 어휘 표현

최댓값 : 최솟값 | 최대공약수 : 최소공배수 | 최대로 확대 : 최소로 축소

대립 어휘 **33**

난이도 **＊＊**
〈사회〉

강대국(强大國) : 약소국(弱小國)

강하고 큰 나라가 강**대**국,
약하고 작은 나라가 약**소**국

주제 쓰기

나라의 면적이 크다고 강대국일까?

일반적으로 **강대국**은 국토 면적이 넓고 인구가 많고 경제가 튼튼한 나라입니다. 현대 사회에서 미국, 중국, 독일, 러시아, 영국, 프랑스와 같은 나라들이 세계의 중요한 정책을 결정하고 이끌어가고 있지요. 이들 국가의 공통점은 과학 기술과 경제가 다른 나라들에 비해서 발전했고 국토의 면적도 넓습니다. 반대로 나라의 땅이 작고 경제적으로 어려운 나라는 **약소국**입니다. 아시아와 아프리카에는 약소국이 많습니다.

그러나 강대국과 약소국이 반드시 국토 면적의 크고 작음, 인구의 많고 적음으로 판가름 나는 것은 아닙니다. 북유럽의 스웨덴(970만 명), 핀란드(530만 명), 노르웨이(460만 명) 국토 면적은 비교적 넓지만 인구는 우리나라(5100만 명)에 비해 훨씬 적습니다. 그렇지만 이 국가들은 자기들에게 가장 적합한 기술을 발전시켜 강대국 못지 않은 힘을 가지고 있습니다. 이처럼 인구가 많지 않음에도 불구하고 선진국이 된 국가를 강소국이라고 말하기도 합니다. 강소국은 덩치는 작지만 힘이 강한 나라입니다. 우리나라의 인구는 강대국에 비해서 적고, 국토 면적도 그들보다 작습니다. 하지만 우리보다 작은 나라들이 강소국이 되었듯이 우리도 다른 나라보다 뛰어난 점을 발전시키면 강대국이 될 수 있습니다.

핵심 낱말

대립 어휘 표현

강대국의 풍요 : 약소국의 빈곤 | 강대국의 강한 군사력 : 약소국의 약한 군사력
강대국의 영토 확장 : 약소국의 피해

같은 소리 다른 한자

다음 한자를 익히고 예문의 빈칸을 채워 봅시다.

정답 p.236

대(代)

: 대신하다,
　시대

대신 (代身) – 자리를 바꾸어서 새로 맡음.
대표 (代表) – 어느 하나로 나타내거나, 한 집단의 우두머리.
시대 (時代) – 역사적으로 구분한 기간.
현대 (現代) – 지금 살고 있는 시대.

① _____ 사회는 모든 나라가 서로 연결되어 있는 지구촌 사회이다.

② 아침으로 밥 _____ 빵을 먹는 사람들이 많아졌다.

③ 조선 _____ 에는 유교 사상을 아주 중시하였다.

④ 오늘은 우리 반의 _____ 를 맡을 반장을 뽑는 날이다.

소(所)

: 바라다,
　장소

소문 (所聞) – 사람들 입에 오르내려 전하여 들리는 말.
소원 (所願) – 바라고 원함.
소중 (所重) – 매우 귀중함.
장소 (場所) – 어떤 일이 이루어지거나 일어나는 곳.
주소 (住所) – 사람이 살거나 회사 등이 있는 장소.

⑤ 부모님은 자신의 자녀를 그 무엇보다 _____ 히 여긴다.

⑥ _____ 들었어? 그 연예인이랑 그 운동선수가 사귄대!

⑦ 여기에 성함과 _____ 를 적어 주세요. 당첨되시면 댁으로 경품을

보내드리겠습니다.

⑧ 별똥별이 떨어질 때 _____ 을 빌면 이루어진다는 말이 있다.

⑨ 지금부터 1시간 후에 이 _____ 로 다시 모이면 됩니다.

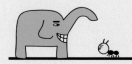

기본 문제

정답 p.236

1 다음은 소리가 같은 한자 '대'(大, 代)에서 만들어진 어휘들입니다. 뜻이 다른 한자에서 만들어진 어휘들을 묶어서 써 보세요.

대인 | 대신 | 최대 | 현대 | 시대 | 대표 | 강대국

ㄱ 크다 대(大):

ㄴ 대신하다, 시대 대(代):

2 다음은 소리가 같은 한자 '소'(小, 所)에서 만들어진 어휘들입니다. 뜻이 다른 한자에서 만들어진 어휘들을 묶어서 써 보세요.

최소 | 장소 | 소형 | 축소 | 소원 | 주소

ㄱ 작다 소(小):

ㄴ 바라다, 장소 소(所):

3 다음 어휘가 들어간 간단한 문장을 써 보세요.

소문:

소원:

약소국:

다 多 少 소

다소는 수나 양이 많고 적음을 나타내는 대립 개념입니다.
다(多)는 숫자가 많거나 종류가 다양함을, **소(少)**는 적음을 뜻합니다.
크기를 표현하는 대소와 다릅니다.

다와 소가 대립하는 표현

다수	소수
최다	최소
다량	소량

다민족	소수 민족
다수자의 언어	소수자의 언어
다품종	소품종

최다 득표자	최소 득표자
최다 득점	최소 실점
과다 복용	소량 복용
다수 의견	소수 의견

대립 어휘 **34**

난이도 ＊＊
〈국어〉, 〈사회〉

다수(多數) : 소수(少數)

숫자가 많은 쪽이 **다수**, 적은 쪽이 **소수**

다수결의 원리가 항상 옳은 결정일까?

민주주의 국가에서는 가장 많은 사람들이 찬성한 의견을 따릅니다. 대통령 선거를 할 때도 제일 많은 표를 얻은 사람이 당선되며, 학교에서 반장 선거를 할 때도 마찬가지입니다. 이것이 바로 민주주의 국가에서 의사를 결정하는 방법인 다수결의 원리입니다. 하지만 **다수**가 찬성했다고 해서 항상 옳은 결정이 되는 것은 아닙니다. 나중에 대통령이나 반장으로 뽑힌 사람보다 선거에서 패한 다른 사람이 더 적합하다고 생각할 수도 있지요.

무엇보다도 가장 큰 문제는 힘이 센 다수가 **소수**를 억누를 수도 있다는 것입니다. 민주주의와 반대되는 개념은 독재입니다. 독재자들은 자신에게 반대하는 의견이 나오지 못하도록 사람들을 억압합니다. 다수결의 원리가 잘못 사용된다면 독재와 비슷한 결과를 낳을 수도 있습니다. 진정한 민주주의라면 소수에 속한 사람들이 자유롭게 말할 수 있는 권리도 보장해야 합니다.

핵심 낱말

대립 어휘 표현

다수 민족 : 소수 민족 | 다수 집단 : 소수 집단 | 다수 의견 : 소수 의견

주제 쓰기

핵심 낱말

대립 어휘 **35** 난이도 ✱✱ 〈음악〉 · **최다**(最多) **: 최소**(最少)

가장 많으면 최**다**, 가장 적으면 최**소**

2,260,586,400

가수 싸이의 동영상은 몇 명이나 보았을까?

2012년에 우리나라 가수 싸이가 발표한 '강남스타일'은 전세계적인 인기를 누렸습니다. 강남스타일 뮤직비디오는 유튜브에 올라 있는 동영상 중에서 **최다** 조회수를 기록했지요. 2015년 1월까지의 조회수는 22억 회를 돌파했습니다.

어느 분야이든 세계 최고의 기록을 세우면 기네스북에 올라갑니다. 세계에서 가장 무거운 물건을 들어 올린 사람, 5분 동안 가장 많은 햄버거를 먹어 치운 사람도 기네스북에 그 이름이 올라 있습니다. 가수 싸이의 강남스타일도 기네스북에 등재가 되어 있지요. 과연 어떤 동영상이 이 기록을 깰 수 있을까요? 여러분은 어떤 기록으로 기네스북에 여러분의 이름을 올리고 싶은가요?

대립 어휘 표현

최다 득점 : **최소** 득점 | **최다** 인원 : **최소** 인원

대립 어휘 **36** 대소(大小) : 다소(多少)

난이도 ✱✱
〈국어〉

크고 작음이 **대소**, 많고 적음이 **다소**

대소와 다소는 어떻게 쓰일까?

다소는 많고 적음을, 대소는 크고 작음을 표현하는 말입니다. 그런데 우리가 한국어에서 이 말들을 혼동해서 사용하는 일이 자주 일어납니다. 다음 예문을 보고 다소와 대소의 쓰임을 파악해 보세요.

▷ 그는 집안일의 **대소**를 가리지 않고 앞장섰다.
▷ 국토 면적의 **대소**만이 강대국이 되는 조건은 아니다.
▷ 전쟁에서 승리는 반드시 병력의 **다소**에 의해 결정되지 않는다.
▷ 그는 다리를 다쳐서 걷는 데 **다소**간 어려움이 있다.

대립 어휘 표현

중요도의 대소 : 가짓수의 다소 | 숫자의 대소 : 양의 다소

같은 **소리** 다른 **한자**
다음 한자를 익히고 예문의 빈칸을 채워 봅시다.

정답 p.236

다(茶)
: 차

다도 (茶道) – 차를 달여 마실 때의 예법.
다과회 (茶菓會) – 간단히 차와 과자 따위를 차려놓고 하는 모임.
다반사 (茶飯事) – 차를 마시고 밥을 먹는 일이라는 뜻으로 그처럼 흔한 일.
다방 (茶房) – 차를 마시는 장소.

① 모임에서 _____를 열었는데 생각보다 많은 사람이 참여했다.

② 우리 할머니께서는 취미로 _____를 배우셔. 매일 나에게도 차를 우려 주시지.

③ _____에서 차 한 잔 할까?

④ 그 회사 직원들은 월말이 되면 바빠서 밤늦게까지 작업하는 일이

_____였다.

소(笑)
: 웃다

미소 (微笑) – 소리 없이 빙긋이 웃음.
조소(嘲笑) – 흉을 보듯이 빈정거리거나 업신여기는 듯한 미소.
박장대소 (拍掌大笑) – 손벽을 치며 크게 웃음.
냉소 (冷笑) – 쌀쌀한 태도로 비웃음.

⑤ 친구들이 그를 설득하기 위해 노력했지만 그는 내내 _____적 태도만 유지했다.

⑥ 그가 실수를 하자 주변 사람들은 기다렸다는 듯 _____를 퍼부었다.

⑦ _____를 짓는 아기를 보면 나도 덩달아 웃게 된다.

⑧ 개그맨의 농담에 관객들은 _____했다.

기본 문제

정답 p.236

1 다음은 소리가 같은 한자 '다'(多, 茶)에서 만들어진 어휘들입니다. 뜻이 다른 한자에서 만들어진 어휘들을 묶어서 써 보세요.

다수 | 최다 | 다방 | 다도 | 다소 | 다반사

ㄱ 많다 다(多):

ㄴ 차 다(茶):

2 다음은 소리가 같은 한자 '소'(少, 笑)에서 만들어진 어휘들입니다. 뜻이 다른 한자에서 만들어진 어휘들을 묶어서 써 보세요.

조소 | 최소 | 소량 | 냉소 | 소수 | 미소

ㄱ 적다 소(少):

ㄴ 웃다 소(笑):

3 다음 어휘가 들어간 간단한 문장을 써 보세요.

다수:

다과회:

최소:

정답 p.236

고유어, 한자어, 외래어

고유어(固有語)
한자어(漢字語)
외래어(外來語)

우리말의 어휘는 고유어, 한자어, 외래어로 구성되어 있습니다. 우리는 일상 생활에서 다음과 같은 문장을 사용합니다. 각각의 문장에는 순서대로 고유어, 한자어, 외래어가 많이 쓰였습니다.

고유어: 오늘 날씨가 매우 추워서 나는 바깥에 나가서 놀고 싶지 않다.
한자어: 학교에서 창의체험활동으로 동물원을 관람하기로 결정했다.
외래어: 카페에서 커피와 햄버거를 먹으면서 컴퓨터로 메일을 보냈어.

우리는 고유어를 순수 우리말이라고 합니다. 우리가 고유어만으로 의사소통을 하기는 쉽지 않습니다. 위에서 두 번째, 세 번째 문장에는 고유어는 거의 쓰이지 않고 한자어와 외래어가 대부분 쓰였습니다.

이처럼 한국어는 고유어, 한자어, 외래어가 함께 사용됩니다. 우리가 모국어를 제대로 사용하기 위해서는 이 세 종류의 어휘들 중 어느 하나도 소홀히 하지 않아야 합니다. 그렇지만 세 종류의 어휘 학습 방식에는 서로 다른 점이 있습니다.

한자는 반드시
배워야 하나?

우리말에서 사용하고 있는 서로 다른 한자를 알지 못하면 어휘의 정확한 의미를 파악하는 데 어려움을 겪게 됩니다. 우리말에는 다음과 같이 유난히 같은 소리 다른 뜻을 가진 어휘가 많습니다.

1. **전기** (前期) – 어느 시기의 앞 부분.
   조선은 임진왜란을 기준으로 전기와 후기로 나눌 수 있다.

2. **전기** (傳記) – 사람의 일생을 기록한 책.
   우리는 위대한 사람들의 전기를 많이 읽어서 삶의 지혜를 얻는다.

3. **전기** (電氣) – 음이온과 양이온에서 생기는 에너지.
   우리는 어두운 방에 들어가면 스위치를 올려서 전기를 켠다.

4. **전기** (轉機) – 아주 다른 새로운 시기나 기회.
   전기 자동차는 에너지 절약의 새로운 전기가 될 것이다.

위에 쓰인 4개의 어휘는 '전기'라고 읽고 쓰지만 그 뜻이 모두 다릅니다. 각각의 어휘가 서로 다른 한자에서 만들어졌기 때문입니다. 우리가 4개의 단어에 쓰인 한자 하나하나에 대한 의미를 알고 있으면 쉽게 그 뜻을 구별할 수 있습니다. 우리말의 '전'에는 '앞'의 전(前), '전하다'의 전(傳), '전기'의 전(電), '구르다'의 전(轉)에 대한 지식이 어휘 이해에 결정적인 도움이 됩니다. 어려운 한자를 쓰지는 못해도 알아두어야 하는 이유입니다.

외래어와 한자어는 무엇이 다를까?

우리말에서 외래어는 한자어와 완전히 다른 지위에 있습니다. 우리말의 외래어는 대부분 영어에서 들어왔습니다. 컴퓨터, 택시, 커피, 트럭, 텔레비전, 치킨 등의 외래어는 우리말이지만 대부분 사물을 지칭하는 용어입니다. 외래어가 한자처럼 다른 어휘를 만드는 데 참여하지 않습니다. 그래서 외래어는 그 뜻만 알면 되는 어휘들입니다.

모국어 열쇠 활용 문제

다음 어휘들을 고유어, 한자어, 외래어로 구별해서 써 넣으세요

| 커피 | 냉면 | 동물 | 게임 | 소리 | 가을 | 생명 | 눈 | 컴퓨터 | 체험 |

고유어:

한자어:

외래어:

심화 문제

1 다음 표에 대립하는 한자어로 빈칸을 완성해 봅시다.

다수	소수
대량	
최다	
강대국	

최대	최소
	소수자
	소수자 언어
	최솟값

2 다음 문장에 알맞은 단어를 골라서 동그라미를 그려 봅시다.

㉠ 보통 사람보다 음식을 많이 먹는 사람을 (다식가 / 대식가)라고 한다.

㉡ 식구 수가 많은 가족이 (대가족 / 핵가족)이다.

㉢ 둘 이상의 민족이 모여서 한 나라를 이룬 국가는 (다민족 / 단일 민족) 국가이다.

㉣ 집단에서 많은 수를 차지하는 쪽을 (개혁파 / 다수파)라고 한다.

㉤ 사실보다 지나치게 높은 평가를 (절대 / 과대)평가라고 한다.

㉥ 한 건물에 여러 가구가 함께 사는 공통 주택이 (다문화 / 다세대)주택이다.

㉦ 국토의 면적이 작거나 인구가 적지만 강한 나라가 (약소국 / 강소국)이다.

정답 p.237

3 다음 어휘들 중에서 2개 이상 고른 후 그 어휘들이 들어간 짧은 글을 써 보세요.

| 다수 | 소수 | 대량 | 소량 | 다과 | 다반사 | 최대 | 최소 | 강대국 | 약소국 |

4 우리는 고유어, 한자어, 외래어 중에 어떤 어휘를 더 많이 사용하고 있을까요? 내가 사용하고 있는 고유어, 한자어, 외래어를 각각 10개 이상 써 보고 친구들이 쓴 것과 비교해 보세요.

고유어:

한자어:

외래어:

창의적
글쓰기 과제

① 협동 학습

핀란드에서는 학생들이 협동 학습을 아주 잘합니다. 수학, 영어를 잘하는 학생이 잘 못하는 친구를 가르쳐 주고, 대신 운동이나 예술을 잘하는 학생은 그러지 못한 친구에게 도움을 주면서 함께 더불어 성장을 합니다. 이러한 협동 학습은 좋은 점도 있지만 친구에게 도움을 주기 위해서는 자신의 시간을 빼앗길 수도 있습니다. 여러분은 수학, 영어, 국어 과목 등 자신이 잘하는 과목을 다른 친구에게 즐거운 마음으로 가르쳐 주어야 한다고 생각하나요? 다음 둘 중에 하나를 골라서 자기 의견을 써 보세요.

㉮ 각자 스스로 알아서 실력을 길러야 한다. 그 이유는?

내가 쓴 창의적 글쓰기 과제를 온라인 사이트에 올려서 공유하기

① 모공열 온라인 사이트(www.mogong10.com)에서 로그인합니다.

② '모공열 콘텐츠'에서 '모공열 글솜씨 자랑' 게시판으로 이동합니다.

③ 게시판 하단의 [글쓰기] 버튼을 클릭하여 글쓰기 창을 엽니다.

④ 학습 분류, 장, 주제를 선택한 후 글을 작성합니다.

⑤ [확인] 버튼을 눌러 자신의 글을 게시판에 올립니다.

④ 우리는 서로에게 도움을 주면서 성장해야 한다. 그 이유는?

학습할 내용

13. 일이(一二): 하나와 둘

대립 어휘 37. 일학년(一學年) : 이학년(二學年)
대립 어휘 38. 일차원(一次元) : 이차원(二次元)
대립 어휘 39. 일인용(一人用) : 이인용(二人用)

같은 소리 다른 한자

일(日) "날, 하루"
일기(日記) / 종일(終日) / 일출(日出) / 국경일(國慶日)

이(耳) "귀"
이비인후과(耳鼻咽喉科) / 이목(耳目) / 이목구비(耳目口鼻) / 이명(耳鳴)

14. 장단(長短): 길고 짧음

대립 어휘 40. 장신(長身) : 단신(短身)
대립 어휘 41. 장거리(長距離) : 단거리(短距離)
대립 어휘 42. 장점(長點) : 단점(短點)

같은 소리 다른 한자

장(場) "마당"
장소(場所) / 공장(工場) / 광장(廣場) / 시장(市場) / 운동장(運動場) / 등장(登場)

단(段) "층계"
단계(段階) / 계단(階段) / 구구단(九九段) / 문단(文段)

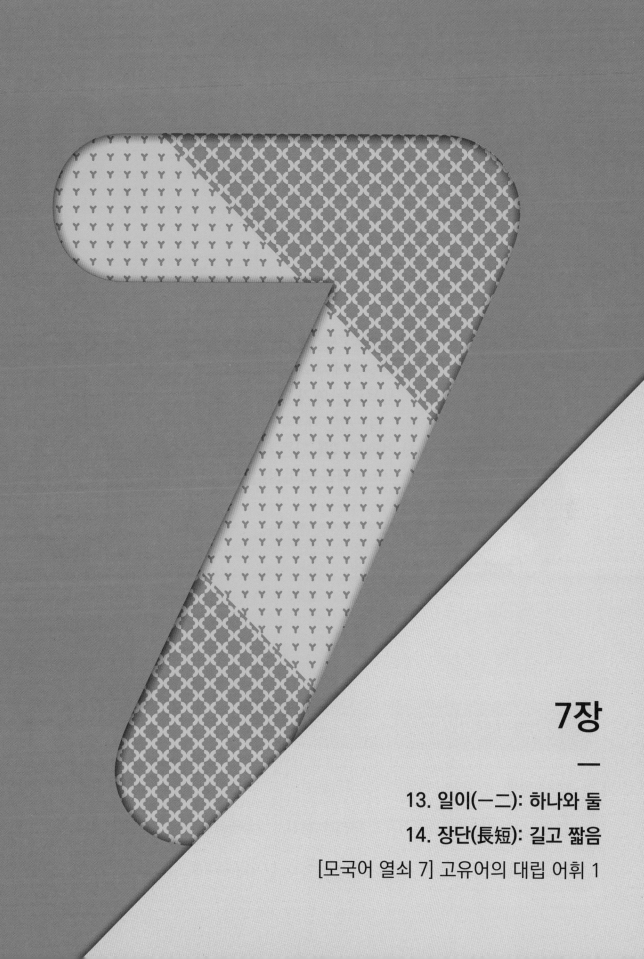

7장

—

일 — = 이

1과 2는 다른 숫자와 다르게 일상생활에서 대립 개념으로 사용되는 예가 많습니다. 주로 **일(一)**은 개수가 하나 또는 첫 번째를, **이(二)**는 두 개 또는 두 번째를 의미합니다.

일과 이가 대립하는 표현

1학년 학생	2학년 학생	1인실 방	2인실 방	대표팀 1군	대표팀 2군
1등급 소고기	2등급 소고기	1차원적 생각	2차원적 생각	1차선 도로	2차선 도로
1인용 침대	2인용 침대	1급 자격증	2급 자격증	일등석	이등석
				1순위 자격	2순위 자격

대립 어휘 **37**

난이도 ✱
〈국어〉

일학년(一學年) : 이학년(二學年)

첫 번째 학년이 **일**학년이고
두 번째 학년이 **이**학년

왜 만 7세에 학교에 들어갈까?

　세계 대부분의 나라에서는 아동이 만으로 7세가 되었을 때 초등학교 1학년에 입학합니다. 그 이유는 만 7세가 되어야 비로소 학교의 공동 생활에 쉽게 적응할 수 있다고 판단하기 때문입니다. 또한 모국어의 글자를 이해하고, 수학의 덧셈과 뺄셈 등의 학습이 가능하기 때문입니다. 특별한 재능을 가진 아동을 제외하면 대부분의 아동은 만 7세에 지적인 학습 능력을 갖추게 됩니다.

　교육 전문가들은 7세 이전에는 운동, 놀이, 체험 등을 통한 감각의 발달을 중요시합니다. 7세 이전의 지적인 학습은 의미가 없다는 의견도 있습니다. 초등학교 일학년과 이학년 시기에 지적인 학습이 시작됩니다. 외국에서는 저학년 과정에 모국어와 수학 수업을 집중적으로 배치합니다. 교육이 발달한 핀란드에서는 **일학년**과 **이학년** 수업의 절반 정도를 모국어에 배정합니다. 저학년에서 배워야 하는 가장 중요한 과목이 모국어이기 때문입니다. 여러분은 일주일에 몇 시간 동안 모국어 학습을 하고 있나요?

대립 어휘 표현

1학년 교실 : **2학년 교실** | **1학년 교과서** : 2학년 교과서 | **1학년 학생** : 2학년 학생

주제 쓰기

핵심 낱말

대립 어휘 **38**	**일차원**(一次元) : **이차원**(二次元)
난이도 ✱✱✱ 〈수학〉, 〈과학〉	선으로 이루어진 차원이 **일차원**, 평면이 나타나는 차원이 **이차원**

일차원과 이차원, 그리고 삼차원은 무엇일까?

　　일차원은 오직 선으로만 이루어져 있습니다. 직선과 곡선은 길이를 잴 수 있는 일차원입니다. **이차원**은 면적입니다. 삼각형, 사각형, 원 등은 모두 면적이 있는 도형입니다. 거실의 넓이, 책상의 면적, 땅의 크기는 모두 이차원의 개념입니다. 면적을 구하기 위해서는 가로와 세로의 개념이 필요합니다. 면적처럼 두 개의 개념이 필요하면 이차원이고 길이처럼 하나의 개념만 필요하면 일차원입니다.

　　삼차원은 세 개의 개념이 필요합니다. 정육면체, 직육면체, 원기둥, 원뿔이 삼차원의 도형입니다. 삼차원의 도형은 부피가 있습니다. 부피를 구하기 위해서는 가로, 세로, 높이의 세 가지 길이가 필요합니다. 우리가 일상 생활에서 접하는 대부분이 물체는 삼차원입니다. 그리고 우리가 사는 세상은 삼차원의 세계입니다. 그렇다면 사차원은 무엇일까요? 사차원이 있다는 것은 복잡한 수학 계산으로 증명되었지만 우리가 실제로 경험할 수 있는 세계가 아닙니다. 우리는 삼차원의 세계에서 살고 있습니다. 미래에 기술이 발전하면 사차원의 세계를 경험할 수 있을까요?

대립 어휘 표현

일차원적 사고 : 이차원적 사고 ┃ **일차원 세계** : 이차원 세계 ┃ **일차원 도형** : 이차원 도형

대립 어휘 **39**

난이도 ✱
〈통합〉

일인용(一人用) : 이인용(二人用)

한 사람만 사용할 수 있는 것이 **일인용**,
두 사람이 사용할 수 있는 것이 **이인용**

주제 쓰기

세계 최초의 게임은 무엇이었을까?

비디오 게임이 생기기 이전에도 사람들은 모여서 놀이를 했습니다. 그렇지만 혼자서 할 수 있는 놀이가 많지 않아서 사람들이 함께 모여야 재미있는 놀이를 할 수 있었지요. 우리의 전통놀이인 널뛰기, 윷놀이, 강강술래, 제기차기 등은 모두 사람들이 함께 하는 놀이입니다.

그런데 비디오 게임이 등장하면서 굳이 여러 사람이 모이지 않아도 재미있게 놀 수 있는 방법이 생겼습니다. 비디오나 컴퓨터 게임에는 혼자서도 재미있게 할 수 있는 일인용 게임이 많이 있습니다. 세계 최초의 비디오 게임은 1962년 미국에서 만들어진 '스페이스 워'라는 게임으로 알려져 있습니다. 그 때 이후로 개인용 게임기와 컴퓨터로 할 수 있는 수많은 일인용, 이인용 게임들이 쏟아져 나왔습니다. 최근의 게임들은 **일인용, 이인용**도 있지만 여러 사람들이 함께 참여하는 온라인 게임도 많습니다. 여러분은 세계 최초의 온라인 게임이 1996년에 우리 나라에서 개발된 '바람의 나라'라는 사실을 알고 있는지요?

핵심 낱말

대립 어휘 표현

일인용 침대 : **이인용 침대** | **일인용 자전거** : **이인용 자전거** | **일인용 식탁** : **이인용 식탁**

같은 소리 다른 한자

다음 한자를 익히고 예문의 빈칸을 채워 봅시다.

정답 p.237

일(日)
: 날, 하루

일기 (日記) – 날마다 그날그날 겪은 일이나 생각, 느낌 따위를 적는 기록.
종일 (終日) – 아침부터 저녁까지 내내.
일출 (日出) – 해가 뜸.
국경일 (國慶日) – 나라의 경사를 기념하기 위하여 국가에서 법률로 정한 경축일.

① 오늘 하루 내가 했던 일들을 _____장에 적었다.

② 어머니께서 사 주신 책이 재미있어서 하루 _____그 책을 읽었다.

③ 새해 첫 날 부모님과 함께 동해로 _____을 보러 갔다.

④ _____에는 집집마다 국기를 단다.

이(耳)
: 귀

이비인후과 (耳鼻咽喉科) – 귀, 코, 목구멍, 기관, 식도의 병을 치료하는 병원.
이목 (耳目) – 귀와 눈의 뜻으로 사람들의 주의나 관심을 의미하기도 함.
이목구비 (耳目口鼻) – 귀, 눈, 입, 코를 아울러 이르는 말.
이명 (耳鳴) – 귀에서 소리가 울리는 것처럼 느껴지는 일.

⑤ 감기에 걸려서 코가 막히고 목이 아파서 어제 _____에 갔다.

⑥ 전학 온 친구가 자기소개를 할 때 반 친구들의 _____이 그에게 집중되었다.

⑦ 어제 길에서 한 아기를 보았는데 _____가 또렷한 게 아주 예쁘더라.

⑧ 귀에서 자꾸 '삐-'하는 _____이 들려와서 일상생활하기에 아주 불편하다.

기본 문제

정답 p.237

1 다음은 소리가 같은 한자 '일'(一, 日)에서 만들어진 어휘들입니다. 뜻이 다른 한자에서 만들어진 어휘들을 묶어서 써 보세요.

| 일학년 | 일등급 | 일차선 | 일기 | 국경일 | 일출 |

ㄱ 하나 일(一):

ㄴ 날, 하루 일(日):

2 다음은 소리가 같은 한자 '이'(二, 耳)에서 만들어진 어휘들입니다. 뜻이 다른 한자에서 만들어진 어휘들을 묶어서 써 보세요.

| 이목 | 이등석 | 이비인후과 | 이인용 | 이등급 | 이명 |

ㄱ 둘 이(二):

ㄴ 귀 이(耳):

3 다음 어휘가 들어간 간단한 문장을 써 보세요.

일기:

종일:

이목구비:

장 長
短 단

장단은 길이에 대한 대립 개념입니다. 길이가 긴 것이 **장(長)**이고 짧은 것이 **단(短)**입니다. 이 외에도 장단은 늘임과 줄임, 멀고 가까움 등을 나타냅니다.

장과 단이 대립하는 표현

장신	단신	장음	단음	장편 소설	단편 소설
장거리	단거리	장조	단조	최장 거리	최단 거리
장점	단점	연장 수업	단축 수업	장기 여행	단기 여행
				장시간 수업	단시간 수업

대립 어휘 40

난이도 *
〈통합〉

장신(長身) : 단신(短身)

키가 크면 **장신**, 작으면 **단신**

주제 쓰기

키가 크고 작은 것이 중요할까?

우리나라 여자의 평균 키는 160cm 정도이고 남자의 평균 키는 170cm 정도입니다. 한 때 방송에 출연한 멍청한 사람이 키가 180cm가 되지 않으면 패배자라고 하여 비난을 받은 적이 있습니다. 물론 키가 큰 **장신**이면 높은 곳의 물건을 쉽게 꺼내는 등의 장점도 있습니다. 하지만 키가 작은 **단신**이라고 해서 그것이 단점이 될 수는 없습니다.

패션 모델이나 농구 선수 등 키가 커야 유리한 직업도 있지만, 키가 작아야 유리한 직업도 있습니다. 경마 기수, 카 레이서, 체조 및 쇼트트랙 선수들은 키가 작은 사람이 큰 사람보다 훨씬 유리합니다. 그리고 키가 크면 그 사람이 더 매력적일 수는 있지만, 키가 작다고 해서 매력이 없는 것은 아닙니다. 영화 배우, 연예인과 가수들 중에서도 평균 키에 미치지 못하는 사람들이 꽤 많습니다. 그 사람들은 키가 크지 않아도 자신만의 뛰어난 능력과 매력이 있기 때문이지요.

키의 크고 작음은 타고난 유전자의 영향이 더 큽니다. 키가 크다고 우월감을 갖거나 작다고 열등감을 가질 필요가 없습니다. 사람에 대한 올바른 평가는 외모가 아니라 내면으로 내려지기 때문입니다.

핵심 낱말

대립 어휘 표현

최장신 : 최단신 | **장신 선수** : 단신 선수 | **장신 수비수** : 단신 수비수

주제 쓰기

핵심 낱말

대립 어휘 41

난이도 ✱✱
〈체육〉

장거리(長距離) : 단거리(短距離)

거리가 길면 **장거리**, 짧으면 **단거리**

육상에서 장거리와 단거리는 어떻게 다를까?

우리가 체육 시간에 자주 하는 달리기는 육상 경기 중 하나로 정해진 거리를 누가 가장 빨리 달리는지를 겨룹니다. 달리기는 거리에 따라 장거리와 단거리로 나뉩니다. **장거리**에서는 보통 3000m, 5000m, 그리고 10000m를, 단거리에서는 100m, 200m, 400m를 뜁니다. 장거리 달리기를 잘하려면 코와 입으로 충분히 호흡을 하여 근육에 산소를 잘 전달해야 하고, 강한 체력과 지구력 역시 필요합니다. 달리는 동안 체력 사용을 조절하는 것도 중요합니다. 만약 장거리 달리기에서 처음부터 온 힘을 다해 질주한다면 얼마 못 가서 지치고 말 것입니다. 반면에 **단거리** 달리기를 할 때는 온 힘을 다해 짧은 거리를 전속력으로 달려야 합니다.

그리고 장거리 달리기보다도 더 먼 거리를 뛰는 종목이 마라톤입니다. 마라톤은 무려 42.195km를 뛰어야 합니다. 흔히 우리의 삶을 마라톤에 비유하기도 합니다. 처음부터 전속력으로 달리면 나중에 지쳐서 더 이상 달릴 수 없습니다. 여러분은 지금 어떤 속력으로 삶이라는 마라톤을 달리고 있나요?

대립 어휘 표현

장거리 주행 : 단거리 주행 | **장거리 수영** : 단거리 수영 | **장거리 미사일** : 단거리 미사일

대립 어휘 **42** 난이도 ✱✱ 〈사회〉	**장점**(長點) : **단점**(短點) 남보다 나은 점이 **장점**이고 못한 점이 **단점**

화석 연료의 장점과 단점은 무엇일까?

죽은 생물들이 땅 속에 묻혀 오랜 세월 동안 높은 온도와 강한 압력을 받아 서서히 변한 것이 화석 연료입니다. 석탄, 원유, 천연가스 등이 이에 해당합니다. 19세기 이후 석탄을 에너지로 활용하기 시작하면서 인간의 기술은 눈부신 발전을 이룰 수 있었습니다. 지금은 석탄을 거의 사용하지 않습니다. 원유와 천연가스는 다양한 곳에 쓰일 수 있다는 **장점**을 갖고 있습니다. 자동차의 연료, 가정용 도시가스, 화학 약품, 플라스틱, 심지어 화장품 등 다양한 곳에 쓰입니다.

화석 연료에는 심각한 **단점**도 있습니다. 화석 연료를 사용하면 환경 오염이 심해집니다. 특히 공장이나 자동차에서 배출되는 배기 가스는 지구 온난화를 유발합니다. 게다가 지구에 존재하는 화석 연료의 양은 무한하지 않습니다. 과학자들은 현재 속도로 우리가 화석 연료를 사용한다면 100년 이내에 지구에 있는 화석 연료가 다 없어질 것이라고 예측했습니다. 현재 인류는 화석 연료를 대체할 수 있는 에너지원을 찾기 위해 노력하고 있습니다. 100년 후에 우리는 어떤 연료를 사용하고 있을까요?

대립 어휘 표현

전통문화의 장점과 단점 | 조기 영어 교육의 장점과 단점 | 새로운 기술의 장점과 단점

같은 소리 다른 한자

다음 한자를 익히고 예문의 빈칸을 채워 봅시다.

정답 p.237

장(場)
: 마당

장소 (場所) – 어떤 일이 이루어지거나 일어나는 곳.
공장 (工場) – 원료나 재료를 가공하여 물건을 만들어 내는 곳.
광장 (廣場) – 많은 사람이 모일 수 있게 거리에 만들어 놓은 넓은 빈터.
시장 (市場) – 여러 가지 상품을 사고파는 장소.
운동장 (運動場) – 체조, 운동 경기, 놀이 등을 할 수 있는 장소.
등장 (登場) – 무대나 강단에 사람이 나오거나 연극, 영화, 소설 따위에 인물이 나타남.

① 어제 장난감 _____ 에 견학을 가서 장난감이 만들어지는 과정을 직접 볼 수 있었다.

② 어머니 심부름으로 _____ 에서 양파를 사왔다.

③ 체육 시간이 되면 우리 반 아이들은 신이 나서 _____ 으로 뛰어나간다.

④ 집합하기로 한 _____ 는 공원에 있는 분수대 앞이다.

⑤ 연극이 끝나고 주인공이 다시 무대 위에 _____ 하자 관객들은 뜨거운 박수를 보냈다.

⑥ 서울시청 앞에는 큰 _____ 이 있다.

단(段)
: 층계

단계 (段階) – 일의 차례를 따라 나아가는 과정.
계단 (階段) – 층과 층 사이를 이동할 수 있게 만든 것.
구구단 (九九段) – 1부터 9까지의 각 수를 서로 곱한 곱셈의 기초 공식.
문단 (文段) – 글에서 하나의 주제로 묶을 수 있는 짤막한 단위.

⑦ _____ 을 오르내릴 때 뛰면 안 된다. 넘어져서 다칠지도 모른다.

⑧ 글에서 _____ 을 바꿀 때는 그 표시로 맨 앞 한 칸을 띄고 쓴다.

⑨ 초등학교 시절에 _____ 을 잘 외워 두면 수학 공부에 도움이 된다.

⑩ 무엇이든 _____ 별로 나누어서 하면 일을 처리하기 편하다.

기본 문제

정답 p.237

1 다음은 소리가 같은 한자 '장'(長, 場)에서 만들어진 어휘들입니다. 뜻이 다른 한자에서 만들어진 어휘들을 묶어서 써 보세요.

| 장신 | 장거리 | 등장 | 장점 | 시장 | 장면 |

ㄱ 길다 장(長):

ㄴ 마당 장(場):

2 다음은 소리가 같은 한자 '단'(短, 段)에서 만들어진 어휘들입니다. 뜻이 다른 한자에서 만들어진 어휘들을 묶어서 써 보세요.

| 계단 | 단기 | 구구단 | 단축 | 문단 | 단점 |

ㄱ 짧다 단(短):

ㄴ 층계 단(段):

3 다음 어휘가 들어간 간단한 문장을 써 보세요.

장점:

단계:

단점:

정답 p.237

고유어의 대립 어휘 1

우리말 고유어
대립 어휘

　우리말의 고유어는 한자와 관련이 없는 말을 의미합니다. 한자어처럼 고유어의 어휘들도 대립합니다. 한자어와 고유어는 모두 우리말입니다. 여기에서는 우리가 일상 생활에서 자주 사용하는 고유어 낱말의 대립에 대해서 알아보기로 하겠습니다.

우선 다음 예시와 같이 고유어의 대립 어휘를 써넣어 보기로 하겠습니다.

춥다	덥다	크다	작다
맑다		길다	
밝다		높다	
쉽다		빠르다	
넓다		묽다	
굵다		무르다	
두껍다		검다	
가깝다		낡다	
많다		좋다	

'춥다'와 '크다'의 쓰임

위에서 살펴본 낱말들은 우리말에서 다음과 같이 쓰입니다.

▷ **추운** 날씨에 밖에 나갈 때는 옷을 잘 챙겨 입어야 한다.
▷ 어제보다 오늘 날씨가 더 **춥다**.

문장의 '추운 날씨'에서는 다른 낱말을 꾸며 주는 역할을 하고 '날씨가 더 춥다'에서는 문장의 끝에 쓰입니다. 여기에서는 다른 낱말을 꾸며 주는 역할을 할 때 위의 낱말이 어떻게 변화하는지 알아보기로 하겠습니다. '춥다'와 '크다'는 다른 낱말을 꾸밀 때는 '추운, 큰'이 됩니다. '높다'와 '좁다'도 다른 낱말을 꾸밀 때는 다음과 같이 변화가 일어납니다.

	다른 낱말을 꾸밀 때
춥다	추운 날씨
높다	높은 산

	다른 낱말을 꾸밀 때
좁다	좁은 골목
크다	큰 인형

모국어 열쇠 활용 문제

우리가 평소에 자주 사용하는 낱말입니다. 아래 예시와 같이 써 보세요.

춥다	추운 날씨	크다	큰 인형
좁다	골목	넓다	운동장
춥다	겨울	덥다	여름
맑다	하천	더럽다	강
낮다	언덕	높다	산
크다	규모	작다	자동차
느리다	걸음	빠르다	제안
새롭다	제안	낡다	구두
얇다	종이	두껍다	책
가볍다	베개	무겁다	가방

심화 문제

1 다음 표에 대립하는 한자어로 빈칸을 완성해 봅시다.

일등급	이등급
일인용	
	단거리
일등급	
	이차선

장점	단점
	단거리
장기	
	단신
	단시간

2 다음 문장에 알맞은 단어를 골라서 동그라미를 그려 봅시다.

㉠ 그 친구는 처음 만나는 사람들과도 대화를 잘하는 (장점 / 단점)을

지니고 있다.

㉡ 뛰어난 배우가 (등장 / 당장)하는 영화라고 해서 다 인기 있는 것은 아니다.

㉢ 특이한 모자를 쓴 남자가 사람들의 (이목 / 이명)을 끌었다.

㉣ 이 침대는 혼자서 잘 수 있는 (일인용 / 이인용)이다.

㉤ 새해 (일몰 / 일출)을 보러 동해안으로 갈 건데, 같이 가자.

㉥ 이번 행사는 만남의 (광장 / 시장)에서 이루어질 예정입니다.

㉦ 여기 김치 (운동장 / 공장) 사장님의 성은 장씨이다.

정답 p.237

3 다음 어휘들 중에서 2개 이상 고른 후 그 어휘들이 들어간 짧은 글을 써 보세요.

| 장신 | 당장 | 시장 | 운동장 | 단계 | 일등급 | 국경일 | 이등석 | 이인용 | 일출 |

4 다음 글을 읽고 자신이 친구들과 다른 점이 무엇이 있는지 써 보세요.

사람들은 각자 다른 재능과 능력을 갖고 있습니다. 음악에 재능이 있으면 가수나 작곡가가 되고, 운동에 재능이 있으면 운동선수가 됩니다. 그림을 잘 그리는 사람은 미술가, 음식을 잘 만드는 사람은 요리사가 됩니다. 그렇지만 아직 특별한 재능을 발견하지 못한 사람은 성장하면서 재능을 발견하거나 능력을 키워서 직업을 선택하게 됩니다. 어른이 되어서 자기의 적성에 맞는 직업을 선택하기 위해서는 지식과 경험이 필요합니다. 그래서 우리는 여러 과목을 학습하고 있습니다.

사람마다 학습 능력에도 차이가 있습니다. 같은 것을 배워도 느린 사람이 있고 빠른 사람이 있습니다. 그리고 사람마다 수학, 과학, 외국어, 예술 등에서 남보다 더 잘하는 사람이 있습니다. 이렇게 사람은 모두 다릅니다. 내가 다른 사람과 다르고 차이가 있음을 알아야 합니다. 지금 부족한 것은 언제든지 노력을 해서 채울 수 있습니다. 이제 여러분은 가장 친한 친구들과 비교해서 지금 무엇을 더 잘하고 못하는지 써 보시기 바랍니다.

㉮ 내가 내 친구보다 잘하는 것

㉯ 내가 내 친구보다 못하는 것

학습할 내용

15. 전후(前後): 앞과 뒤

대립 어휘 43. 전기(前期) : 후기(後期)

대립 어휘 44. 오전(午前) : 오후(午後)

대립 어휘 45. 전반전(前半戰) : 후반전(後半戰)

같은 소리 다른 한자

전(電) "번개, 전기"

전기(電氣) / 전철(電鐵) / 전화(電話) / 건전지(乾電池) / 전송(電送)

전(全) '온전하다'

전문(全文) / 전체(全體) / 불완전(不完全) / 전지전능(全知全能)

16. 좌우(左右): 왼쪽과 오른쪽

대립 어휘 46. 좌측(左側) : 우측(右側)

대립 어휘 47. 좌청룡(左靑龍) : 우백호(右白虎)

대립 어휘 48. 좌완(左腕) : 우완(右腕)

같은 소리 다른 한자

좌(座) "자리"

좌석(座席) / 계좌(計座) / 좌우명(座右銘) / 좌담회(座談會)

우(友) "친구"

우정(友情) / 우애(友愛) / 우방(友邦) / 우호적(友好的) / 죽마고우(竹馬故友)

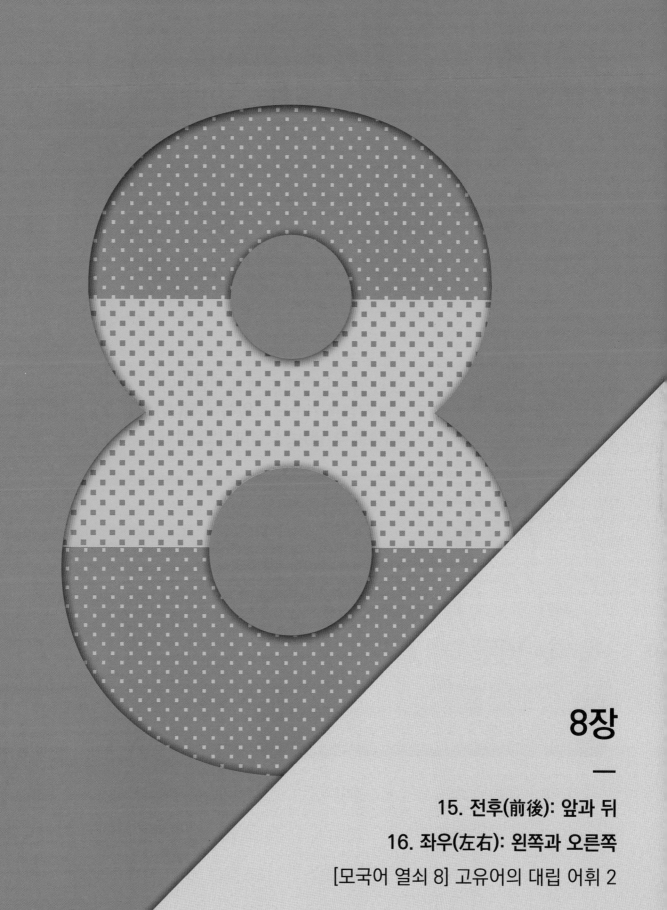

8장

—

 전 前

後 후

전후는 한 시점을 기준으로 순서상 앞과 뒤를 나타내는 대립 개념입니다. 한 지점을 기준으로 앞쪽을 전(前), 뒤쪽을 후(後)로 표현하기도 합니다.

전과 후가 대립하는 표현

등교 전 준비	방과 후 활동

전기	후기	전반기	후반기	식전 행사	식후 모임
오전	오후	전방	후방	경기 직전	경기 직후
전반전	후반전	사전 예방	사후 대책	전채 요리	후식

대립 어휘 **43**	**전기**(前期) **: 후기**(後期)
난이도 ✽✽✽ 〈사회〉	먼저 또는 앞쪽이 **전기**, 나중 또는 뒤쪽이 **후기**

주제 쓰기

조선 전기와 후기의 기준이 왜 임진왜란일까?

우리 역사에서 조선 시대는 임진왜란을 기준으로 조선 **전기**와 조선 **후기**로 구분됩니다. 임진왜란이란 임진년(1592년)에 일본이 조선을 침략해서 일어난 전쟁이지요. 조선 시대에 우리는 일본을 얕잡아 보는 말로 '왜'라는 용어를 사용했어요. 일본을 '왜국', 일본 사람을 '왜인'이라고 불렀습니다. 그래서 일본이 일으킨 1592년에서 1598년까지의 전쟁을 임진왜란이라고 합니다.

이 전쟁으로 조선은 많은 피해를 입었습니다. 국토는 전쟁으로 황폐해졌고 국가는 백성을 돌볼 수 있는 자금이 충분하지 않았습니다. 임진왜란으로 인한 조선 사회의 위기를 극복하기 위해서 농업 기술의 발달, 신분의 변화 등 커다란 사회적 변화가 일어났습니다. 이것이 임진왜란을 기준으로 조선의 역사를 전기와 후기로 나누는 이유입니다.

핵심 낱말

대립 어휘 표현

조선 전기 : 조선 후기 | 고려 전기 : 고려 후기 | 전반기 : 후반기

주제 쓰기

대립 어휘 44

난이도 ✱
〈국어〉

오전(午前) : 오후(午後)

낮 12시를 기준으로 그 이전이 오**전**,
이후가 오**후**

하루의 시간들을 표현하는 말은 무엇이 있을까?

오전과 오후의 '오'는 낮 12시를 의미하는 '정오'에서 나온 말입니다. 사전에 나온 **오전**의 의미는 밤 12시부터 낮 12시까지입니다. 그렇지만 밤 12시 자정부터 아침 6시까지는 '새벽'을 붙여서 새벽 2시, 새벽 5시라고도 합니다. 일반적으로 오전은 해가 뜬 이후부터 낮 12시까지의 시간을 의미합니다. **오후**라는 말도 오전과 비슷하게 사용합니다. 해가 지는 오후 6시까지는 오후 2시, 오후 6시라고 하지만 그 이후의 시간은 저녁 8시, 저녁 9시로 부르는 등 저녁이라는 말을 붙입니다. 그보다 더 늦은 시간은 밤 10시, 밤 11시를 사용하기도 합니다.

오전과 오후처럼 사람들이 낱말을 사용할 때 반드시 사전에 나와 있는 의미대로 사용하지 않는 경우가 있습니다. 낱말의 사전적 의미가 있어도 사람들이 실제 생활에서는 다르게 사용할 수 있습니다. 여러분은 '입이 가볍다'라는 표현을 언제 사용하나요? 정말로 어떤 사람의 입의 무게가 가벼울 수 있을까요?

대립 어휘 표현

오전반 : 오후반 | 오전 근무 : 오후 근무 | 오전 날씨 : 오후 날씨

핵심 낱말

대립 어휘 45

난이도 ✱✱
〈국어〉, 〈체육〉

전반전(前半戰) : 후반전(後半戰)

운동 경기에서 정해진 시간의 앞쪽 반이 **전**반전,
뒤쪽 반이 **후**반전

주제 쓰기

왜 전과 후가 있는데 반을 사용할까?

시간적인 앞과 뒤를 의미하는 전과 후를 더 정확하게 구별하기 위해서 '반'이 사용됩니다. 축구와 핸드볼의 총 경기 시간은 각각 90분과 60분이지요. 축구와 핸드볼은 각각 45분과 30분 경기를 하고 나서 휴식을 취한 다음 계속해서 경기를 진행합니다. 중간에 휴식을 하기 전의 45분과 30분이 **전반전**입니다. 나머지 45분과 30분이 **후반전**이지요. 이와 같이 정확하게 전과 후의 시간의 길이가 같을 때 반을 넣어서 사용합니다.

그리고 1년은 1월부터 12월까지 총 12달입니다. 1월 1일부터 6월 30일까지가 1년의 전기이고 7월 1일부터 12월 31일까지가 후기입니다. 전기와 후기를 좀 더 명확하게 구별하는 용어가 전반기와 후반기이지요. 또 다른 말로는 상반기, 하반기라는 표현을 쓰기도 합니다. 반은 시간뿐만 아니라 빵이나 종이를 같은 크기로 나눌 때 반으로 나눈다고 합니다. 이처럼 반은 똑같은 크기로 나눈 한쪽을 의미합니다.

핵심 낱말

대립 어휘 표현

전반전 전술 : 후반전 전술 | **전반전 멤버** : 후반전 멤버 | **전반전 득점** : 후반전 득점

같은 소리 다른 한자

다음 한자를 익히고 예문의 빈칸을 채워 봅시다.

정답 p.238

전(電)
: 번개, 전기

전기 (電氣) – 불을 만들거나 열을 만드는 에너지.
전철 (電鐵) – 전기의 힘을 이용해서 달리는 기차.
전화 (電話) – 사람의 말소리를 전달하는 기계.
건전지 (乾電池) – 들고 다닐 수 있도록 만든 전지.
전송 (電送) – 글이나 사진 등을 전류나 전파를 이용하여 먼 곳에 보냄.

① 많은 사람들이 교통 체증을 피하기 위해서 _____을 이용한다.

② _____를 넣어야 장난감, 녹음기, 리모컨을 작동시킬 수 있다.

③ 휴대_____를 이용하여 오늘 사진을 전송했다.

④ 우리는 _____를 이용하여 TV, 컴퓨터, 에어컨, 냉장고 등의 가전제품을 사용한다.

전(全)
: 온전하다

전문 (全文) – 글의 한 부분도 빼지 아니한 전체.
전체 (全體) – 부분이 모여 구성한 하나.
불완전 (不完全) – 모두 갖추어지지 못하고 모자라거나 흠이 있음.
전지전능 (全知全能) – 모든 것을 알고 모든 일을 할 수 있음.

⑤ 오늘은 _____가 모여 각자 연습한 부분을 연주해 보기로 하였다.

⑥ 세상에 _____한 사람은 없다. 그런 사람이 있다면

사람이 아니라 신이다.

⑦ _____하게 아는 것보다 차라리 모르는 것이 낫다.

⑧ 우리가 오늘 발표한 연설문 _____을 학교에 전송했다.

기본 문제

정답 p.238

1 다음은 소리가 같은 한자 '전'(前, 電, 全)에서 만들어진 어휘들입니다. 뜻이 다른 한자에서 만들어진 어휘들을 묶어서 써 보세요.

| 전체 | 전반전 | 불완전 | 전철 | 오전 | 전송 | 전지전능 | 전화 |

ㄱ 앞 **전(前)**:

ㄴ 전기, 번개 **전(電)**:

ㄷ 온전하다 **전(全)**:

2 다음 어휘가 들어간 간단한 문장을 써 보세요.

후반전:

전체:

오후:

전철:

좌 左　右 우

좌우는 왼쪽과 오른쪽을 구분하는 대립 개념입니다.
동서남북과 다르게 기준에 따라서 좌우가 다릅니다.
자신이 보는 쪽에서 왼쪽이 **좌(左)**, 오른쪽이 **우(右)**입니다.

좌와 우가 대립하는 표현

좌측	**우**측
좌청룡	**우**백호
좌완 투수	**우**완 투수

좌타석	**우**타석
좌뇌	**우**뇌
극**좌** 세력	극**우** 세력

좌익수	**우**익수
좌향좌	**우**향우
좌파	**우**파
좌회전	**우**회전

대립 어휘 46

난이도 **
〈사회〉, 〈도덕〉

좌측(左側) : 우측(右側)

내가 서 있는 위치에서 왼쪽이 **좌측**,
오른쪽이 **우측**

주제 쓰기

왜 우리는 우측통행을 할까?

우리나라에서 사람은 도로나 통로에서, 자동차는 도로에서 **우측**통행을 해야 합니다. 우리는 조선 시대부터 우측통행의 전통을 가진 나라였습니다. 그런데 일제가 우리의 주권을 빼앗았던 시대에 자동차와 사람의 통행을 **좌측**통행으로 바꾸었지요. 1945년 우리의 주  권을 되찾은 후에 차량은 다시 우측통행으로 바꾸었지만, 사람의 통행은 좌측통행으로 그대로 두었습니다. 2010년이 되어서야 사람도 우측통행을 하도록 정부가 규칙을 바꾸었습니다. 그 이유는 보행자의 안전과 편의 때문입니다. 큰 건물에 있는 회전문은 우측통행에 적

핵심 낱말

합하게 시계의 반대 방향으로 돌도록 되어 있지요. 또한 인도에서도 우측보행을 하면 차와 마주 보고 걷기 때문에 돌발 상황을 피할 수 있어서 교통사고의 위험을 줄일 수 있습니다.

차량과 사람의 통행 방식은 나라마다 다릅니다. 미국, 캐나다, 중국, 독일 같은 나라에서도 차량과 사람이 모두 우측통행을 합니다. 그러나 영국, 일본, 싱가포르, 뉴질랜드에서는 차량은 좌측통행, 사람은 우측통행을 합니다.

대립 어휘 표현
좌측통행 : 우측통행 | 좌측 어깨 : 우측 어깨 | 좌측 좌석 : 우측 좌석

대립 어휘 **47**

난이도 ✱✱✱
〈국어〉, 〈사회〉

좌청룡(左靑龍) : 우백호(右白虎)

좌청룡은 왼쪽의 푸른 용이고 **우**백호는 오른쪽의 하얀 호랑이

고대의 제왕을 상징하는 색깔은?

고대 동아시아에서는 제왕을 상징하는 봉황을 중심으로 동서남북 사방에 각각 청색, 백색, 주황색, 흑색을 배치하여 충신을 표현했습니다. 고대에는 황색 즉 금빛의 노란색이 황제를 상징했습니다. 고구려의 고분 벽화의 사신도에도 우주의 질서를 지키는 청룡, 백호, 주작, 현무가 그려져 있습니다. 이것은 제왕을 지켜주는 존재로, 세상에 존재하지 않는 상징적인 네 마리의 동물을 표현한 것입니다. 동쪽을 방위하는 청룡은 청색의 용이고, 서쪽을 방위하는 백호는 백색의 호랑이, 남쪽을 방위하는 주작은 붉은 빛의 새, 북쪽을 방위하는 현무는 흑색의 거북을 표현하고 있습니다.

'**좌청룡 우백호**'는 왕의 충실한 신하를 의미했습니다. 지금도 이 말은 왼쪽과 오른쪽에 든든한 지원자를 의미하는 뜻으로 사용됩니다. 요즘에는 권력자나 회사의 대표를 보좌하는 사람을 '오른팔, 왼팔'이라고 부르기도 합니다. 여러분을 든든하게 지원해 주는 오른팔과 왼팔은 누구인가요? 그리고 여러분은 누구의 오른팔, 왼팔이 될 수 있나요?

대립 어휘 표현

좌청룡 우백호를 거느리다.

대립 어휘 **48**	# 좌완(左腕) : 우완(右腕)
난이도 ✱✱ 〈체육〉	왼팔이 **좌**완, 오른팔이 **우**완

주제 쓰기

좌완 투수와 우완 투수 중 누가 더 유리할까?

보통 오른손잡이가 왼손잡이보다 훨씬 많습니다. 우리나라에는 약 6퍼센트의 왼손잡이가 있다고 알려져 있습니다. 그런데 전세계의 야구선수 중에는 유난히 왼손잡이가 많습니다. 우리나라 야구선수 중에서 예를 들어 볼까요? 미국의 LA 다저스에서 활동하고 있는 류현진 선수는 왼손 투수, 홈런왕 이승엽 선수는 왼손 타자입니다.

일반적으로 **좌완** 투수는 좌타자에게 강하고, **우완** 투수는 우타자에게 강한 것으로 알려져 있습니다. 그래서 우완 투수가 던지다가 왼손 타자가 나오면 투수를 좌완 투수로 교체하는 일이 자주 일어납니다. 야구 선수 중에는 우완 투수가 나오면 좌타석, 좌완 투수가 나오면 우타석에서 공을 치는 타자가 있습니다. 이러한 타자를 스위치 타자라고 합니다. 그렇지만 실력이 좋은 투수들은 타석에 어떤 선수가 나오든 잘 던집니다.

핵심 낱말

대립 어휘 표현

좌완 투수 : **우완 투수** | **좌타석** : **우타석**

같은 소리 다른 한자

다음 한자를 익히고 예문의 빈칸을 채워 봅시다.

정답 p.238

좌(座)
: 자리

좌석 (座席) – 앉을 수 있게 마련된 자리.
계좌 (計座) – 은행이나 증권 회사에 돈이나 자산을 넣은 자리.
좌우명 (座右銘) – 자리 옆에 적어 두고 결심이나 가르침으로 삼는 말.
좌담회 (座談會) – 어떤 주제에 대하여 몇 명이 모여서 이야기를 나누는 모임.

① 공연이 곧 시작되오니 _____에 앉아 주시기 바랍니다.

② 내 친구의 _____은 "언제나 최선을 다하자"이다.

③ 은행에 있는 _____에 돈이 얼마나 있을까?

④ 우리 동네에서 놀이터 개선에 대한 _____에 많은 사람이 참석했다.

우(友)
: 친구

우정 (友情) – 친구 사이의 정.
우애 (友愛) – 형제간이나 친구 사이의 사랑이나 정.
우방 (友邦) – 서로 우호적인 관계를 맺고 있는 나라.
우호적 (友好的) – 개인끼리나 나라끼리 서로 사이가 좋은 것.
죽마고우 (竹馬故友) – 대나무로 만든 말 모양의 장난감을 타고 놀던 어린 시절의 친구.

⑤ 중학교에 올라갈 때 _____가 다른 학교에 가게 되어 아쉬웠다.

⑥ 한국과 미국은 오래 전부터 _____ 관계이다.

⑦ 그 아파트의 주민들과 경비원들의 관계는 매우 _____이다.

⑧ 진정한 _____은 서로를 믿어 줄 때 생겨난다.

⑨ 쌍둥이 형제끼리는 서로 비슷해서 _____가 넘친다.

기본 문제

정답 p.238

1 다음은 소리가 같은 한자 '좌'(左, 座)에서 만들어진 어휘들입니다. 뜻이 다른 한자에서 만들어진 어휘들을 묶어서 써 보세요.

| 좌석 | 좌측 | 좌우명 | 계좌 | 좌향좌 | 좌파 | 좌뇌 |

ⓐ 왼쪽 좌(左):

ⓑ 자리 좌(座):

2 다음은 소리가 같은 한자 '우'(右, 友)에서 만들어진 어휘들입니다. 뜻이 다른 한자에서 만들어진 어휘들을 묶어서 써 보세요.

| 우타석 | 우애 | 죽마고우 | 우완 투수 | 우측통행 | 우정 | 우호적 | 우방 |

ⓐ 오른쪽 우(右):

ⓑ 친구 우(友):

3 다음에 나와 내 짝꿍의 좌우명을 쓰세요.

나의 좌우명:

내 짝꿍의 좌우명:

정답 p.238

고유어의 대립 어휘 2

고유어

대립 어휘

우리는 앞에서 다른 낱말을 꾸며주는 '춥다, 크다, 높다' 등의 대립 어휘를 공부했습니다. 여기에서는 움직임을 표현하는 낱말에 대해서 알아보기로 하겠습니다. 우리가 일상 생활에서 자주 사용하는 '걷다, 쓰다, 접다, 쌓다' 등의 낱말은 우리가 하는 동작이나 행위를 표현합니다.

우선 다음 예시와 같이 고유어의 대립 어휘를 써넣어 보기로 하겠습니다.

걷다	뛰다	열다	닫다
켜다		더하다	
살다		서다	
매다		자다	
지우다		팔다	
들어가다		좋아하다	
때리다		입다	
던지다		헤어지다	
접다		올리다	

'자다'와 '먹다'의 쓰임

앞에서 살펴본 낱말들은 우리말에서 다음과 같이 쓰입니다.

▷ 나는 할 일을 끝내고 매일 10시에 잠을 **잔다**.

▷ 어제는 학교가 끝난 후에 운동을 했더니 피곤해서 일찍 **잤다**.

▷ 점심 시간에는 친구들과 대화를 하면서 밥을 **먹는다**.

▷ 배가 고팠지만 엄마가 올 때까지 기다렸다가 저녁을 **먹었다**.

　　이처럼 '자다'와 '먹다'는 우리가 하는 동작이나 행위를 표현합니다. 위와 같이 '잔다'와 '먹는다'는 언제나 또는 현재의 어떤 행동을 표현할 때 쓰고, '잤다'와 '먹었다'는 과거에 했던 일을 표현할 때 씁니다. '높다, 크다' 등이 다른 낱말을 꾸밀 때 '높은, 큰'이 되는 것처럼 '자다, 먹다'도 과거를 표현할 때 변화가 일어납니다.

모국어 열쇠 활용 문제

우리가 자주 사용하는 낱말입니다. 과거를 표현할 때 이 낱말의 모양을 써 보세요.

자다	잤다	먹다	먹었다
입다		벗다	
빼다		더하다	
걷다		뛰다	
닫다		열다	
가다		오다	
듣다		적다	
끄다		켜다	
쓰다		크다	
서두르다		머뭇거리다	
누르다		튀다	
흐르다		멈추다	

심화 문제

1 다음 표에 대립하는 한자어로 빈칸을 완성해 봅시다.

이전	이후
전기	
	오후
전반전	
좌뇌	

좌회전	우회전
	우측
좌완 투수	
	우향우
	우측통행

2 다음 문장에 알맞은 단어를 골라서 동그라미를 그려 봅시다.

㉠ 그 집 식구들은 가난하지만 형제간의 (우애는 / 우정은) 정말로 좋다.

㉡ 어릴 때부터 가깝게 지내며 오래 본 친구를 (죽마고우 / 문방사우)라고 말한다.

㉢ (좌담회 / 좌석)에 참석하러 가는 길에 갑자기 비가 와서 우산을 샀다.

㉣ (전화 / 계좌) 번호를 알려주시면 돈을 입금해 드리겠습니다.

㉤ 오늘은 중부지방에 (조우 / 호우)가 예상됩니다.

㉥ (건전지 / 라디오)가 다 떨어졌는지 장난감이 움직이지 않는다.

㉦ 상대가 (불완전한 / 우호적인) 태도를 보이는 걸 보니 이번 계약은 성공할 듯하다.

정답 p.238

3 다음 어휘들 중에서 2개 이상 고른 후 그 어휘들이 들어간 짧은 글을 써 보세요.

오전 | 오후 | 전반전 | 후반전 | 전철 | 전화 | 우정 | 좌우명 | 우측통행

4 다음 글을 읽고 자기의 의견을 써 보세요.

예전에는 왼손잡이를 올바르지 못한 것으로 여겨서 왼손잡이가 있으면 오른손잡이로 바꾸도록 교육을 시켰습니다. 사실 왼손잡이가 잘못되었다는 것은 잘못된 생각입니다. 요즘은 왼손잡이에 대한 편견이 사라지고 있지만 세상에는 왼손잡이에게 불편한 것들이 여전히 있습니다. 예를 들면 왼손잡이를 위한 야구 글러브, 골프채 등을 일반 가게에서 사기는 쉽지 않습니다.

㉮ 왼손잡이가 사기 어려운 물건에는 어떤 것들이 있을까요?

㉯ 왼손잡이가 일상 생활에서 겪는 불편한 점에는 무엇이 있을까요?

학습할 내용

17. 내외(內外): 안과 밖

대립 어휘 49. 실내(室內) : 실외(室外)

대립 어휘 50. 교내(校內) : 교외(校外)

대립 어휘 51. 내국인(內國人) : 외국인(外國人)

같은 소리 다른 한자

외(外) "바깥"

외계인(外界人) / 외국어(外國語) / 외래어(外來語) / 외화(外貨)

외(外) "엄마의 가족"

외가(外家) / 외삼촌(外三寸) / 외숙모(外叔母)

외- "하나, 혼자, 치우친"

외고집 / 외나무다리

18. 입출(入出): 들어가기와 나가기

대립 어휘 52. 입구(入口) : 출구(出口)

대립 어휘 53. 수입품(輸入品) : 수출품(輸出品)

대립 어휘 54. 입력(入力) : 출력(出力)

같은 소리 다른 한자

입/립(立) "서다"

입장(立場) / 고립(孤立) / 대립(對立) / 입석(立席) / 독립(獨立) / 자립(自立) / 기립(起立) / 국립(國立)

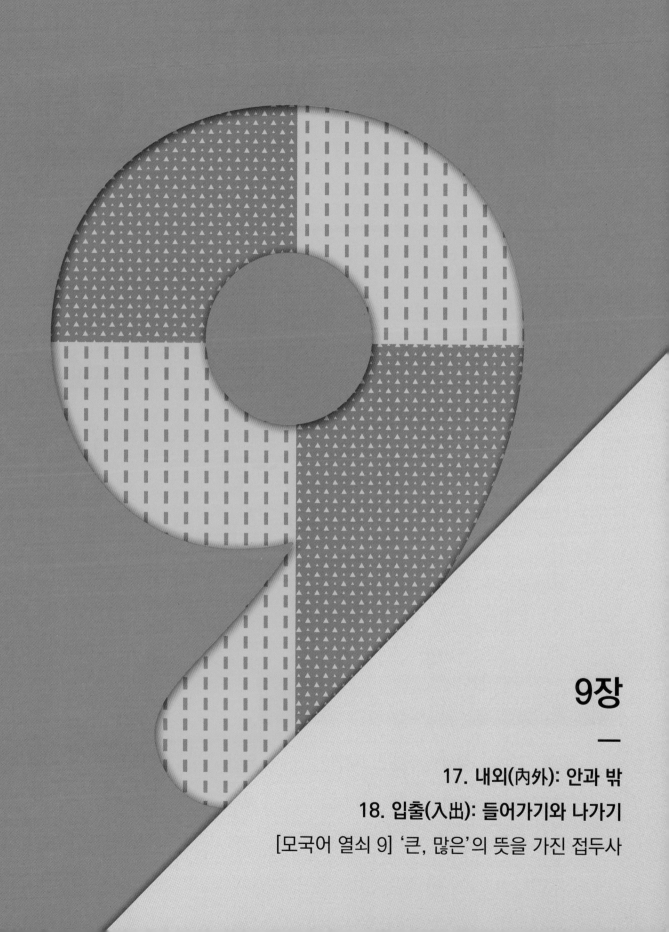

9장

—

내 內 外 외

내외는 안과 밖을 구분하는
대립 개념입니다.
건물, 공간, 신체, 경계의
안에 있으면 **내(內)**,
밖에 있으면 **외(外)**입니다.

내와 외가 대립하는 표현

					체내	체외
실내	실외		내면	외면	대내 활동	대외 활동
교내	교외		내부	외부	실내 연주	야외 연주
내국인	외국인		국내	국외	내향적 성격	외향적 성격

대립 어휘 49

난이도 ✱
〈체육〉

실내(室內) : 실외(室外)

막혀 있는 공간의 내부가 실내, 외부는 실외

실내 운동과 실외 운동에는 어떤 것이 있을까?

운동 경기에는 실내 운동과 실외 운동이 있습니다. 농구나 배구 등의 운동 경기는 작은 공간에서 할 수 있기 때문에 주로 **실내**에서 합니다. 하지만 축구나 야구 등의 운동 경기는 넓은 공간이 필요하므로 **실외**에서 합니다. 프로 축구와 프로 야구는 3월부터 시작해서 10월에 끝나며, 프로 농구, 프로 배구는 10월부터 시작해서 3월이나 4월까지 진행합니다. 봄부터 가을까지는 날씨가 좋아서 실외에서 하는 야구와 축구 경기를 구경할 수 있고, 가을과 겨울에는 날씨가 추워서 실내에서 하는 농구와 배구 경기를 응원하러 갈 수 있습니다.

축구는 실외 운동이지만 아무리 비가 많이 와도 경기를 진행하는 반면, 야구는 비가 많이 오면 경기를 하지 않습니다. 비 때문에 야구를 하지 않을 경우 '우천으로 인한 연기'라고 합니다. 야구공은 축구공보다 훨씬 작아서 비가 많이 오면 공을 치거나, 던지고 받기가 힘들기 때문입니다. 여러분은 실내 운동과 실외 운동 중 어떤 쪽을 더 좋아하나요?

대립 어휘 표현

실내 경기장 : 실외 경기장 | **실내 수영장** : 실외 수영장 | **실내 온도** : 실외 온도

대립 어휘 50

난이도 ✱
〈통합〉

교내(校內) : 교외(校外)

교내는 학교의 내부, 교외는 학교의 외부

우리는 교내와 교외에서 어떤 활동을 할까?

우리는 **교내**에서 독서 토론회, 악기 연주, 운동 등 다양한 동아리 활동을 할 수 있습니다. 그리고 우리가 학교 밖에서 주로 하는 현장학습, 소풍, 봉사활동 등은 **교외** 활동입니다. 교내 활동도 재미있지만, 우리는 보통 교외 활동을 나간다고 하면 더 좋아합니다. 교외 활동이 있는 날은 교과 수업을 하지 않는 경우가 많기 때문입니다. 또 색다른 장소에서 친구들과 어울려 즐거운 추억을 만들 수도 있지요.

'학교 밖'을 의미하는 교외(校外)라는 말도 있지만 우리말에는 도시의 주변이나 변두리를 의미하는 교외(郊外)라는 어휘도 존재합니다. 학교에서는 교외(校外) 활동을 할 때 종종 도시 주변에 있는 교외(郊外)로 나가기도 합니다. 자연 속에서 좋은 경험을 할 수 있지요. 가장 최근에 교외(郊外)로 나간 건 언제였나요?

대립 어휘 표현

교내 활동 : 교외 활동 | 교내 행사 : 교외 행사 | 교내 봉사 활동 : 교외 봉사 활동

대립 어휘 51

난이도 ✶✶
〈사회〉

내국인(內國人) : 외국인(外國人)

외국 사람이 **외국인**, 한국 사람이 **내국인**

우리나라에는 어느 나라에서 온 외국인이 살고 있을까?

한국 사람을 제외한 모든 외국 사람을 **외국인**이라고 부릅니다. 한국에 살고 있는 외국인과 대비해서 한국에 살고 있는 한국인을 **내국인**이라고 합니다. 엄밀히 말하자면 외국에 살고 있는 한국인은 내국인에 포함되지 않습니다. 2014년 기준으로 한국에는 180만 명 정도의 많은 외국인이 살고 있습니다. 이들 외국인은 조선족(약 58만 명), 중국인(약 29만 명), 미국인(약 13만 명), 베트남인(약 12만 명) 순으로 많습니다. 이 외에 태국, 필리핀, 우즈베키스탄, 인도네시아, 캄보디아, 일본 사람들도 우리나라에 살고 있습니다.

우리나라에서 외국인들을 가장 많이 볼 수 있는 곳은 서울의 이태원이었습니다. 이태원 근처에는 미군 기지가 있으며, 다른 외국인들이 거주하고 있기 때문입니다. 그렇지만 인천에 중국인들이 많이 사는 곳인 차이나타운이 있고, 최근에는 큰 도시의 주변에 국제결혼을 한 외국인들이 모여 사는 곳이 점점 증가하고 있습니다. 여러분이 살고 있는 집 주변에 외국인이 많이 살고 있는 곳은 있는지요? 거기에는 얼마나 많은 외국인이 살고 있나요?

대립 어휘 표현

내국인 손님 : **외국인 손님** | **내국인 관광객** : **외국인 관광객** | **내국인 학생** : **외국인 학생**

같은 소리 다른 한자

다음 한자를 익히고 예문의 빈칸을 채워 봅시다.

정답 p.238

내외(內外)의 같은 소리 다른 한자는 적당한 것이 없습니다. 그래서 한자어 '외(外)'와 고유어의 '외-'에 대해서 공부하도록 하겠습니다. 한자어 '외(外)'는 '바깥'과 '엄마의 가족'이라는 두 가지 의미로 사용됩니다. 고유어 '외'는 '하나인, 혼자인, 한쪽에 치우친'의 의미로 사용됩니다.

외(外)
: 바깥

외계인, 외국어,
외래어, 외식, 외출,
외화, 외국인

외계인 (外界人) - 지구가 아닌 다른 행성에 사는 생명체.
외국어 (外國語) - 다른 나라의 말.   **외래어** (外來語) - 외국어에서 들어온 말.
외식 (外食) - 집에서 직접 해 먹지 아니하고 밖에서 음식을 사 먹음.

① 우리말에 컴퓨터, 인터넷, 샴푸 등 _____가 많아졌다.

② 저기 봐! UFO 아니야? 저기엔 _____들이 타고 있을 거야!

③ _____를 배우면 그 나라 사람들과 자유롭게 의사소통을 할 수 있다.

④ 오늘은 부모님의 결혼을 기념으로 _____을 하기로 했다.

외(外)
: 엄마의 가족

외가, 외갓집,
외할머니, 외할아버지,
외삼촌, 외사촌

외가 (外家) - 어머니의 부모와 형제자매가 사는 집.   **외삼촌** (外三寸) - 어머니의 남자 형제.
외숙모 (外叔母) - 외삼촌의 아내.

⑤ _____와 외삼촌은 10년 동안 연애를 하시다가 결혼하셨다.

⑥ 명절에 친가에만 들르고 _____에는 가지 않아 어머니께서 섭섭해 하셨다.

⑦ 막내 _____은 우리 어머니보다 스무 살 어려서 나와 거의 친구처럼 지낸다.

고유어 '외-'
: 하나, 혼자, 치우친

외고집, 외나무다리,
외갈래길, 외아들

외고집 (-固執) - 융통성이 없이 한 곳으로만 파고드는 고집.
외나무다리 - 한 개의 통나무로 놓은 다리.

⑧ 원수는 _____에서 만난다더니 기어이 승부를 보아야 하나 보군.

⑨ 할아버지는 소문난 _____이라서 할머니도 아버지도 할아버지의

고집을 절대 못 꺾는다.

기본 문제

정답 p.238-239

1 다음 어휘들 중 같은 성격의 접두사를 가진 어휘들끼리 묶어서 써 보세요.

> 외갓집 | 외계인 | 외나무다리 | 외사촌 | 외국 | 외갈래길
> 외할머니 | 외아들 | 외식 | 외할아버지 | 외숙모 | 외삼촌 | 외고집

ⓐ 바깥 외(外):

ⓑ 엄마의 가족 외 (外):

ⓒ 하나, 한쪽에 치우친 외:

2 다음 어휘에 대립하는 낱말을 써 넣으세요.

실내		내부	
교내 행사		실내 연주	
체내		내국인	

3 다음 어휘가 들어간 간단한 문장을 써 보세요.

외가:

실내:

외국어:

입 入　出 출

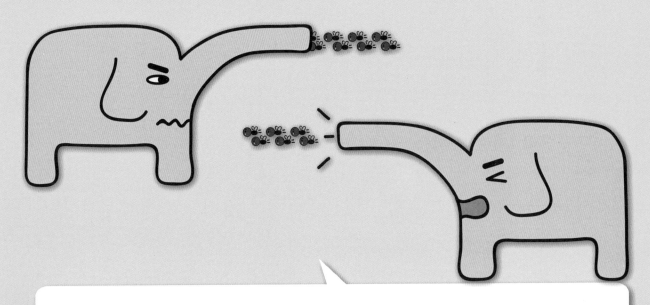

입출은 안 또는 밖으로 이동하는 대립 개념입니다.
내외는 건물, 공간, 신체, 경계의 위치 개념이고 **입출**은 안으로 들어가거나
밖으로 나가는 이동 개념입니다.

입과 출이 대립하는 표현

예금 **입**금	예금 **출**금

입구	출구	수입국	수출국	**입**항	출항
입국	출국	**입**력	출력	진**입**로	진**출**로
수입품	수출품	가계 수입	가계 지출	유**입**	유**출**

대립 어휘 **52**

난이도 ✱
〈도덕〉

입구(入口) : 출구(出口)

들어가는 문이 **입구**, 나가는 문이 **출구**

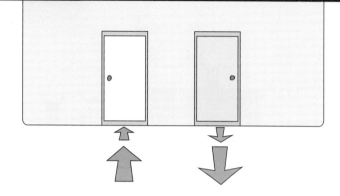

입구와 출구는 왜 따로 구분되어 있지 않을까?

입구와 출구라는 말이 따로 있지만, 우리 생활에서 **입구**와 **출구**가 구분되어 있는 경우는 많지 않습니다. 주택, 아파트, 화장실, 각종 상점 등은 문이 하나만 있거나, 두 개 이상 있어도 입구와 출구를 구분하지 않습니다. 들어온 곳으로 다시 나가도 상관없기 때문이지요. 학교에는 정문과 후문이 있지만 아무도 그것을 입구나 출구라고는 부르지 않습니다. 학교에 올 때나 집에 갈 때 어떤 문으로 가든지 상관없기 때문입니다. 지하철 역에서는 나가는 계단 쪽을 출구라고 부르지만, 동시에 들어오는 입구의 역할도 하기에 사실상 입구와 출구를 구분하지 않습니다.

그러면 어떤 곳에서 입구와 출구를 구분할까요? 놀이공원이나 영화관 같은 경우는 표를 사서 들어가야만 합니다. 들어오는 사람들의 표를 모두 확인해야 하기 때문에 이런 곳은 입구와 출구가 따로 구분되어 있습니다. 또 주차장에는 차가 들어오고 나갈 때 복잡해지는 것을 막기 위해 입구와 출구를 따로 두기도 합니다.

대립 어휘 표현 ▶

비상계단 입구 : 비상계단 출구 | 동굴 입구 : 동굴 출구 | 터널 입구 : 터널 출구

주제 쓰기

대립 어휘 53 수입품(輸入品) : 수출품(輸出品)

난이도★★★
〈사회〉, 〈과학〉

외국에서 사온 물건이 수**입**품,
외국에 파는 물건이 수**출**품

우리나라의 주요 수입품과 수출품은?

삼국시대부터 조선 시대까지 우리나라의 주요 **수출품**은 금, 은, 인삼, 도자기 등이었으며 외국인들에게 인기가 많았습니다. 현대에 이르러 1960-70년대까지 우리나라의 주요 수출품은 철광석 같은 지하자원과 가발, 섬유 등의 제품이었습니다. 그 후 기술과 경제가 발달하면서 1980년대에는 텔레비전, 냉장고 등의 가전제품과 선박, 자동차를 수출하기 시작했습니다. 그리고 1990년대를 거쳐 2010년대에는 가전제품과 선박, 자동차를 포함하여 핸드폰, 컴퓨터, 반도체 등도 수출하게 되었습니다.

우리나라가 외국에서 가장 많이 들여오는 **수입품**은 바로 원유입니다. 우리는 원유를 수입해서 휘발유, 석유 등으로 가공해서 사용합니다. 자동차가 달리기 위해서는 휘발유, 디젤 또는 LPG가 필요합니다. 이 외에도 우리나라에서 생산되지 않는 카카오, 커피, 바나나 등도 수입합니다. 여러분이 평소에 먹고 있는 식품 중에서 수입품에는 어떤 것이 있을까요?

대립 어휘 표현

수입 금지 : 수출 금지 | **수입량** : 수출량 | **밀수입** : 밀수출

핵심 낱말

대립 어휘 54

난이도 ✱✱
〈국어〉, 〈과학〉

입력(入力) : 출력(出力)

컴퓨터에 문자나 숫자를 넣는 일 또는 장치가
기계적, 전기적 에너지를 받는 일이 **입**력,
컴퓨터에 입력한 내용을 인쇄하거나 엔진, 전동기,
발전기 따위가 외부에 공급하는 힘이 **출력**

주제 쓰기

오직 컴퓨터만이 입력과 출력을 할까?

우리는 컴퓨터에 문자나 숫자를 입력합니다. 컴퓨터는 입력한 모든 내용을 그대로 보존하고 기억을 합니다. 그리고 필요할 때 입력한 내용을 프린터에 보내서 출력을 하지요. 컴퓨터는 사람과 달리 입력된 내용을 절대 잊어버리지 않습니다. 다만 컴퓨터는 입력한 내용 그대로를 기억할 뿐, 입력된 내용을 바탕으로 스스로 새로운 것을 만들어내지는 못합니다. 입력한 내용으로 새로운 것을 만들기 위해서는 사람이 명령어를 입력해야 합니다.

사람의 경험과 지식에도 입력과 출력을 적용할 수 있습니다. 우리가 무엇인가 새로운 내용을 배우게 된다면 그것을 우리 뇌에 '**입력**'하게 됩니다. 우리는 듣고, 읽으면서 언어를 입력하고 그 내용을 바탕으로 말을 하고 글을 씁니다. 보고, 듣고 느끼면서 입력한 내용을 바탕으로 그림을 그리고, 새로운 음악을 만들어 냅니다. 이것이 사람이 세상에 내놓는 '**출력**'입니다. 사람은 입력된 내용을 조합해서 새롭고 더 뛰어난 것을 만들어 내는 능력이 있습니다. 이것이 창의력입니다. 여러분은 어떤 창의적인 능력을 가지고 있나요?

핵심 낱말

대립 어휘 표현

입력 장치 : 출력 장치 | 입력 방식 : 출력 방식 | 정보 입력 : 정보 출력

같은 소리 다른 한자

다음 한자를 익히고 예문의 빈칸을 채워 봅시다.

정답 p.239

입/립(立)
: 서다

입장 (立場) – 겪고 있는 상황이나 처지.

고립 (孤立) – 홀로 서 있음.

대립 (對立) – 마주 서 있음.

입석 (立席) – 버스나 기차에서 서서 갈 수 있는 자리.

독립 (獨立) – 혼자서 설 수 있는 상태.

자립 (自立) – 남에게 의지하지 아니함.

기립 (起立) – 앉아 있다가 일어섬.

국립 (國立) – 국가에서 설립한 기관이나 장소.

① 시립 도서관보다 _____ 도서관에 더 많은 책이 소장되어 있다.

② _____ 어휘끼리 묶어서 어휘 공부를 하면 효과가 아주 좋다.

③ 친구들과 잘 지내려면 _____을 바꿔서 생각해 볼 줄 알아야 한다.

④ 아프리카와 남아메리카에는 식민지에서 _____한 나라들이 많다.

⑤ 성인이 되어서 홀로 살아갈 수 있도록 아이들에게 _____정신을 심어 주었다.

⑥ 앉아서 쉬고 있던 중 체육 선생님의 구령 소리에 모두 _____했다.

⑦ 외딴 섬에 _____되어 지내다가 지나가는 배를 보고 구조를 요청했다.

⑧ 추석에 고향 가는 좌석이 매진되어서 _____을 예매했다.

기본 문제

정답 p.239

1 다음은 소리가 같은 한자 '입'(入, 立)에서 만들어진 어휘들입니다. 뜻이 다른 한자에서 만들어진 어휘들을 묶어서 써 보세요.

| 자립 | 입국 | 입력 | 독립 | 수입 | 고립 | 입구 | 대립 | 입석 |

ㄱ 들다 입(入):

ㄴ 서다 립/입(立):

2 다음 어휘에 대립하는 낱말을 써 넣으세요.

입구	
출국	
수입품	

입력	
밀수입	
진입로	

3 다음 어휘가 들어간 간단한 문장을 써 보세요.

자립:

입력:

독립:

정답 p.239

'큰, 많은'의 뜻을 가진 접두사

한자어 접두사 '대(大)-'와 '다(多)-'는 각각 '큰'과 '많은'의 의미를 더해 줍니다. 이 외에도 우리말에는 '큰, 많은'의 뜻을 더하는 접두사가 많습니다. '왕(王)-, 말-, 맏-, 한-'이 대표적이지요.

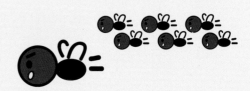

접두사(接頭辭)와 접미사(接尾辭)

접두사는 '머리 또는 앞에 붙이는 표현'의 뜻입니다. 접두사는 낱말의 앞에 붙어서 기존 의미에 새로운 의미를 더합니다. 낱말 '빨간'에 접두사 '새-'가 붙은 '새빨간'은 '매우 빨간'을 의미하고, 낱말 '강당'에 '대-'가 붙은 '대강당'은 큰 강당을 말하지요.

접미사는 '꼬리 또는 뒤에 붙이는 표현'의 뜻입니다. 접미사는 낱말의 끝에 붙어서 사람, 장소 등을 표현합니다. 낱말 '사냥'에 '-꾼'이 붙은 '사냥꾼'은 사냥하는 사람이고, 낱말 '운동'에 접미사 '-장'이 붙은 '운동장'은 운동하는 장소입니다.

대(大) – : 접두사 '대(大)-'는 '큰'의 의미를 더해 줍니다.
대가족, 대문자, 대단원, 대강당, 대청소, 대운동장, 대기업, 대자연, 대보름, 대장부
대가족 : 부모와 자식 외의 가족 구성원들이 포함된 식구가 많은 가족.
대문자 : 알파벳에서 글의 첫머리나 고유 명사의 처음에 쓰는 큰 글자.
대보름 : 가장 큰 보름이란 뜻이며 매년 음력 1월 15일이므로 정월 대보름이라고도 부름.

다(多) – : 접두사 '다(多)-'는 '많은'의 의미를 더해 줍니다.
다방면, 다목적, 다문화, 다단계, 다국적, 다용도, 다민족, 다각도, 다세포
다문화 가정 : 나라와 문화가 다른 남녀가 결혼하여 이루어진 가정.
다민족 국가 : 여러 민족이 모여 만들어진 국가.
다목적 댐 : 수력발전이나 홍수조절 등 여러 목적에 쓰이는 댐.

왕(王) – : 접두사 '왕-'은 낱말의 앞에 붙여서 '크다' 또는 '굵다'는 뜻을 더해 줍니다.
왕벌, 왕새우, 왕개미, 왕사마귀, 왕잠자리, 왕버들, 왕소금, 왕방울, 왕만두, 왕모래
왕개미 : 몸의 길이가 7~13mm로 다른 종에 비해 몸집이 큰 개미.
왕버들 : 물가에서 자라며 높이 20m 정도로 몸집이 크고 굵은 종류의 버드나무.

말 – : 큰 것을 의미하는 접두사에는 '말–'도 쓰입니다. 주로 다른 종보다 몸집이 큰
　　　　곤충을 뜻합니다.

말벌, 말매미, 말잠자리, 말개미

말벌 : 공격적이고 독성이 강하며 덩치가 큰 벌의 일종으로 '왕벌'이라고도 함.

말매미 : 몸 길이 4.5cm에 날개는 6.5cm로 우리나라에서 몸집이 가장 큰 매미.

맏 – : 접두사 '맏–'은 가족과 관련된 표현에 쓰여서 '가장 나이가 많은 사람'을 의미합니다.

맏딸, 맏아들, 맏이, 맏며느리, 맏사위, 맏형, 맏상제, 맏손자

맏아들 : 여러 아들들 중에서 첫째 아들(=장남).

맏딸 : 여러 딸들 중에서 첫째 딸(=장녀).

한 – : 접두사 '한–'은 다음과 같이 세 가지의 다른 뜻을 더해 줍니다.

큰	한걱정, 한바탕, 한차례, 한시름, 한길
한 가운데	한가운데, 한겨울, 한여름, 한밤중, 한복판, 한낮에
같은	한곳, 한가지, 한집안, 한편, 한패

▷ 오늘 태풍이 온다고 해서 마음을 졸였는데 날씨가 맑아서 **한걱정** 덜었다.

▷ 비가 **한바탕** 내리고 나자 날씨가 좀 시원해졌다.

▷ 동생이 다리를 다쳤는데 의사 선생님께서 금방 나을 거라고 말씀하셔서 **한시름** 덜었다.

**모국어 열쇠
활용 문제**

다음 낱말에 접두사 '대(大)–, 다(多)–, 왕(王)–, 말–, 맏–, 한–' 중에서 하나를
선택하여 새 낱말을 만들어 보세요.

문자		여름	
며느리		사마귀	
목적		밤중	
아들		문화	
만두		가지	

심화 문제

1 다음 표에 대립하는 한자어로 빈칸을 완성해 봅시다.

내국인			출력
	외부		출구
예금 입금		실내	

2 다음 문장에 알맞은 단어를 골라서 동그라미를 그려 봅시다.

㉠ 식민지 국가에서는 (독립 / 동맹)을 위한 투쟁을 했다.

㉡ (외교 / 외출)할 때는 어디에 다녀올 것인지 부모님께 말씀드려야 한다.

㉢ 오늘은 외할머니 생신이라서 (외갓집 / 친가)에 갈 테니 준비해라.

㉣ 다른 사람의 (장소 / 입장)에서 상황을 파악할 줄도 알아야 한다.

㉤ 외국에 여행을 갔더니 주변에 온통 (외국인 / 외계인)뿐이라 신기했다.

㉥ 좌석이 매진되어서 (출석 / 입석)이라도 예매를 해야겠다.

㉦ 우리 조상들의 지혜를 배우기 위해 (국립 / 독립)박물관에 가야겠다.

㉧ 우리말의 밤과 낮은 (대립 / 창립) 개념이다.

정답 p.239

3 다음 어휘들 중에서 2개 이상 고른 후 그 어휘들이 들어간 짧은 글을 써 보세요.

독립 | 자립 | 입구 | 출구 | 외계인 | 외국어 | 외출 | 외식 | 수출 | 수입

4 다음 글을 읽고 물음에 답하여 자신의 생각을 써 보세요.

부모님은 항상 음식을 골고루 먹어야 건강해진다고 말씀을 하시지요. 그래서 여러분이 먹고 싶지 않은 음식도 먹으라고 말씀하십니다. 반면 여러분은 더 먹고 싶지만 부모님이 많이 먹지 못하게 하는 음식이 있습니다. 아래에 여러분이 더 먹고 싶은 음식 5개와 여러분은 먹고 싶지 않은데 부모님이 먹으라고 권하는 음식 5개를 써 보세요.

㉮ 내가 더 많이 먹고 싶은 음식 5가지

㉯ 내가 먹고 싶지 않지만 부모님이 권하는 음식 5가지

그러면 공평하게 ㉮, ㉯ 에 있는 음식을 하나씩 골라서 함께 먹으면 어떨까요?
순서대로 묶어서 한 번 부모님께 제안을 해 보세요.

학습할 내용

19. 춘추(春秋): 봄과 가을

대립 어휘 55. 춘분(春分) : 추분(秋分)
대립 어휘 56. 입춘(立春) : 입추(立秋)
대립 어휘 57. 춘하추동(春夏秋冬)

같은 소리 다른 한자

추(追) "쫓다, 따르다"
추가(追加) / 추적(追跡) / 추억(追憶) / 추월(追越) / 추신(追伸)
추(醜) "추하다"
추잡(醜雜) / 추문(醜聞) / 미추(美醜)

20. 하동(夏冬): 여름과 겨울

대립 어휘 58. 하계(夏季) : 동계(冬季)
대립 어휘 59. 하지(夏至) : 동지(冬至)
대립 어휘 60. 하복(夏服) : 동복(冬服)

같은 소리 다른 한자

하(賀) "축하하다"
축하(祝賀) / 연하장(年賀狀) / 하객(賀客) / 근하신년(謹賀新年) / 치하(致賀)
동(同) "같다"
동시(同時) / 동행(同行) / 공동(共同) / 동의(同意)

10장

—

19 봄과 가을

춘 春   秋 추

춘추는 계절에 관련된 대립 개념입니다. **춘(春)**은 봄을, **추(秋)**는 가을을 뜻합니다. 그래서 춘과 추는 계절과 관련된 일이나 행사 등에 쓰입니다.

춘과 추가 대립하는 표현

춘계	추계	춘풍	추풍	춘계 운동회	추계 운동회
입춘	입추	춘계 활동	추계 활동	만춘	만추
춘분	추분	입춘 추위	입추 날씨		

대립 어휘 55

난이도 ✱✱
〈과학〉

춘분(春分) : 추분(秋分)

춘분은 24절기의 4번째, **추분**은 16번째 절기

춘분과 추분은 각각 어떤 날일까?

춘분은 24절기 중 하나이며 양력으로 3월 21일경입니다. 춘분은 만물이 다시 태어나는 봄의 시기입니다. 봄이 되면 농부들은 새로운 생명을 탄생시키기 위해 씨앗을 심고, 겨울 동안 헐벗었던 나무는 새싹을 틔우기 시작합니다. 한겨울의 추위를 피하려 겨울잠을 자던 동물들도 깨어납니다.

추분은 양력으로 9월 23일경입니다. 추분은 수확의 계절인 가을의 시기입니다. 이 시기에 농부들은 봄에 뿌렸던 씨앗이 맺은 논밭의 곡식을 수확합니다. 봄과 여름에 꽃을 피우고 열매를 맺었던 사과, 배, 감 등의 과일을 땁니다. 춘분과 추분에는 하루의 낮과 밤의 길이가 같습니다. 춘분이 지나면 낮의 길이가 점점 길어지고, 추분이 지나면 밤의 길이가 점점 길어집니다.

핵심 낱말

대립 어휘 표현

춘분 날짜 : 양력 3/20~21 | 추분 날짜 : 양력 9/22~23

주제 쓰기

대립 어휘 56

난이도✱✱
〈국어〉, 〈과학〉

입춘(立春) : 입추(立秋)

입춘은 24절기의 첫 번째 절기이고
입추는 13번째 절기

핵심 낱말

입춘과 입추는 각각 어떤 날일까?

　입춘은 24절기 중 첫째 절기로서 봄이 오기 시작했음을 알리는 시기로 대체로 음력으로 1월, 양력으로 2월 4일경입니다. 1년의 첫 번째 절기이기 때문에 다가오는 새해의 복을 비는 의미로 한지에 입춘방 또는 입춘축을 붙이기도 합니다. 입춘방에는 한문으로 일년 동안 가정과 국가에 복을 기원하거나 풍년을 바라는 내용을 주로 적습니다.

　입추는 가을이 오기 시작하는 때로 양력으로 8월 7-8일경입니다. 입추는 더위가 끝남을 알리는 말복 전입니다. 한여름 더위를 삼복더위라 하는데, 삼복은 초복, 중복, 말복을 의미합니다. 입추가 마지막 더위인 말복 전에 자리하고 있어서 사람들은 입추가 되면 한여름의 더위가 마침내 끝나고 시원한 가을이 온다고 생각합니다. 여러분은 봄과 가을이 오는 때와 여름과 겨울이 오는 시기 중에서 어느 쪽이 더 좋은가요?

대립 어휘 표현

입춘 날짜 : **양력 2/4~5** | 입추 날짜 : **양력 8/7~8**

대립 어휘 57

난이도 ✱
〈통합〉

춘하추동(春夏秋冬)

봄, 여름, 가을, 겨울

주제 쓰기

사계절은 우리나라에만 있을까?

사계절은 봄·여름·가을·겨울 네 계절을 통틀어 가리키는 말입니다. 우리나라는 온대에 위치하여 **춘하추동** 사계절이 뚜렷한 편이에요. 봄은 생명이 싹트는 계절이며 날씨가 풀려서 나들이 가기에 좋습니다. 여름은 날씨가 덥고 습하지만 물놀이를 하러 갈 수 있습니다. 가을에는 단풍이 예쁘게 물들고 날씨가 선선하여 산행을 하기에 적당합니다. 겨울은 춥고 건조하지만 눈이 내리면 스키나 눈썰매를 탈 수 있습니다.

우리나라와 마찬가지로 온대에 위치한 일본, 미국, 영국, 독일 등에도 사계절이 있습니다. 이와 달리 열대에 위치한 나라에서는 일년 내내 더운 날씨이고, 한대 지방에서는 항상 날씨가 춥지요. 사계절이 있는 나라에서는 계절마다 옷을 갈아입어야 합니다. 그래서 사계절이 없는 나라 사람들보다 옷을 사는 데 더 많은 비용이 들어갑니다. 여러분은 사계절이 뚜렷한 한국과 일년 내내 덥거나 추운 외국을 선택할 수 있다면 어디에서 살고 싶은가요?

핵심 낱말

▶ **대립 어휘 표현** ◀

비발디의 사계: 이탈리아의 음악가 비발디가 작곡한 바이올린 협주곡으로 사계절의 풍경을 묘사함

같은 소리 다른 한자

다음 한자를 익히고 예문의 빈칸을 채워 봅시다.

정답 p.239

추(追)
: 쫓다,
  따르다

추가 (追加) – 나중에 더 보탬. 원래 정해진 분량을 다 마치고 이에 더하는 것.
추적 (追跡) – 도망가는 사람의 뒤를 밟아서 쫓거나 사물의 자취를 더듬어 가는 일.
추억 (追憶) – 지나간 일을 돌이켜 생각하는 일.
추월 (追越) – 뒤에서 따라잡아서 앞의 것보다 먼저 나아감.
추신 (追伸) – 편지의 내용을 다 적고 나서 편지 끝에 덧붙여 적는 말.

① ' _____ . 빠른 답장 바람.'

② 경찰은 몇 달간 끈질기게 _____ 한 끝에 범인을 체포하였다.

③ 지금의 즐거운 기억은 몇 년 후에 _____ 이 된다.

④ 식사를 하다가 양이 부족하여 2인분을 _____ 로 주문하였다.

⑤ 그 선수는 내내 2등으로 달리다가 막판에 _____ 하여 금메달을 땄다.

추(醜)
: 추하다

추잡 (醜雜) – 말이나 행동 따위가 지저분하고 잡스러움.
추문 (醜聞) – 추잡하고 좋지 못한 소문.
미추 (美醜) – 아름다움과 추함을 아울러 이르는 말.

⑥ _____ 를 나누는 기준은 나라마다, 문화마다, 시대마다 다르다.

⑦ _____ 한 범죄자가 TV에 출연한다는 소식이 전해지자 시청자들은

한 목소리로 항의했다.

⑧ 저를 둘러싼 그 _____ 들은 사실이 아닙니다. 그런 소문엔 대응할 가치도

없습니다.

기본 문제

정답 p.239

1 다음은 소리가 같은 한자 '추'(秋, 追, 醜)에서 만들어진 어휘들입니다. 뜻이 다른 한자에서 만들어진 어휘들을 묶어서 써 보세요.

추문 │ 추적 │ 추가 │ 추신 │ 춘추복 │ 입추 │ 추잡 │ 춘하추동

㉠ 가을 추(秋):

㉡ 쫓다, 따르다 추(追):

㉢ 추하다 추(醜):

2 다음 어휘가 들어간 간단한 문장을 써 보세요.

춘하추동:

추가:

추억:

입춘:

하 夏 冬 동

하동은 여름과 겨울을 의미하는 대립 개념입니다. 계절, 의복, 날짜 등과 관련된 말에 여름에는 **하(夏)**, 겨울에는 **동(冬)**을 붙입니다.

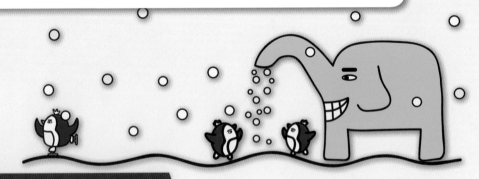

하와 동이 대립하는 표현

하계	동계	하복	동복	하복 착용	동복 착용
하지	동지	하지 축제	동지 축제	입하 더위	입동 추위
입하	입동	하계 올림픽	동계 올림픽		

대립 어휘 **58**	# 하계(夏季) : 동계(冬季)
난이도 ✱✱ 〈체육〉	여름의 시기가 **하계**, 겨울의 시기가 **동계**

우리나라에서 열렸거나
열리게 될 올림픽은 무엇일까?

4년마다 여름과 겨울에 열리는 올림픽을 각각 하계 올림픽과 동계 올림픽이라고 합니다. 이렇게 행사 명칭에는 일반적으로 여름, 겨울 대신 하계, 동계를 쓰는 일이 자주 있습니다. 우리나라가 처음으로 올림픽에 출전한 해는 1948년이었습니다. 그 후 28년이 지난 1976년 몬트리올 하계 올림픽에서 레슬링 자유형 62kg급의 양정모 선수가 우리나라 첫 올림픽 금메달을 땄습니다.

1988년, 우리나라는 88서울올림픽을 성공적으로 개최했습니다. 이는 우리나라가 올림픽처럼 큰 국제적 행사를 개최할 능력이 있다는 것을 국제 사회에 증명하는 계기가 되었습니다. 뒤이어 우리나라는 동계 올림픽 유치에 도전하였습니다. 그러나 2003년, 2007년 IOC 총회에서 두 번 연속으로 고배를 마셨습니다. 세 번째 도전이었던 2011년에 드디어 강원도 평창이 2018년 동계 올림픽 개최지로 선정되었습니다. 여러분은 2018년에 평창에서 동계 올림픽이 열리면 어떤 경기를 보고 싶은가요?

핵심 낱말

대립 어휘 표현
하계 행사 : 동계 행사 | 하계 올림픽 : 동계 올림픽 | 하계 방학 : 동계 방학

대립 어휘 59

하지(夏至) : 동지(冬至)

난이도★★
〈국어〉, 〈과학〉

24절기 중 낮이 제일 긴 날이 **하지**,
밤이 제일 긴 날이 **동지**

해가 지지 않고, 해가 뜨지 않는 나라도 있을까요?

하지는 양력으로 6월 22일 무렵입니다. 북반구에서 1년 중 낮의 길이가 가장 긴 날이 하지입니다. 우리나라에서는 하지에 낮의 길이가 14시간 35분이나 되지요. 북반구의 일부 지역에서는 하지가 되면 아예 해가 지지 않습니다. 스웨덴, 러시아, 노르웨이, 핀란드의 북쪽이 그러한 지역입니다. 이와 같이 해가 지지 않는 현상을 백야(白夜)라고 합니다. 백야는 해가 떠 있는 상태인 '하얀 밤'이라는 의미입니다. 북반구에서는 하지에 백야 현상이 나타나지만 남반구에서는 거꾸로 동지에 나타납니다. 남극과 북극에서는 6개월간 백야가 지속됩니다. 백야 현상이 있는 나라에서는 해가 지지 않는 날을 기념하여 하지 축제가 열립니다.

동지는 양력으로 12월 22일경입니다. 밤이 가장 길고 낮이 가장 짧은 날입니다. 동지가 지나면 그 날부터 낮의 길이가 점점 길어집니다. 우리 조상들은 동지에 팥죽을 먹는 풍습이 있었습니다. 팥의 붉은색이 귀신을 쫓는 효과가 있다고 생각했기 때문이지요.

동지
12월 22일경

1월 5일경 소한
1월 20일경 대한
2월 4일경 입춘
2월 19일경 우수
3월 6일경 경칩
3월 21일경 춘분
4월 5일경 청명
4월 20일경 곡우
5월 5일경 입하
5월 21일경 소만
6월 6일경 망종

6월 21일경
하지

대립 어휘 표현

하지 축제 : 동지 축제

대립 어휘 **60** 난이도 ✱ 〈통합〉	**하복**(夏服) : **동복**(冬服) 여름에 입는 옷이 **하복**, 겨울에 입는 옷이 **동**복

주제 쓰기

하복과 동복은 어떤 옷일까?

여름 즈음에 입는 옷을 **하복**, 겨울 즈음에 입는 옷을 **동복**이라고 부릅니다. 이 말은 주로 교복이나 체육복 같은 단체복에 많이 사용합니다. 여러분 주변에서 가장 쉽게 볼 수 있는 단체복은 중학생이나 고등학생이 입고 다니는 교복이지요? 교복을 떠올려 보세요. 3월에 새 학교에 입학할 때는 날씨가 춥기 때문에 동복을 입습니다. 일반적으로 와이셔츠에 넥타이를 매고 조끼를 입은 후 그 위에 재킷을 걸칩니다. 대개 남학생들은 바지를 입고, 여학생은 치마를 입고 스타킹을 신지요. 날씨가 풀리면 춘추복을 입게 됩니다. 동복에서 재킷만 벗으면 춘추복이 됩니다. 여름에는 남학생은 반팔 셔츠와 여름용 바지, 여학생은 반팔 셔츠와 여름용 치마로 된 하복을 입어요.

핵심 낱말

대립 어휘 표현

하복 착용 : **동복 착용** | 하복 지참 : **동복 지참** | 하복 체육복 : **동복 체육복**

같은 **소리** 다른 **한자**

다음 한자를 익히고 예문의 빈칸을 채워 봅시다.

정답 p.239

하(賀)
: 축하하다

축하 (祝賀) – 남의 좋은 일을 기뻐하고 즐거워한다는 뜻으로 인사함.
연하장 (年賀狀) – 새해를 축하하기 위하여 간단하게 적어 보내는 편지.
하객 (賀客) – 축하하러 온 손님.
근하신년 (謹賀新年) – 새해의 복을 비는 인사말.
치하 (致賀) – 윗사람이 아랫사람에게 고마움이나 칭찬의 뜻을 표시함.

① 매년 연말이 되면 어머니께서는 한 해 동안 신세를 진 사람들에게

　　　　　　　 을 보내셨다.

② 연하장 중에는 봉투에 　　　　　　　 이라고 적힌 것들이 많이 있다.

③ 교장 선생님께서도 대회에서 우승한 양궁 선수들에게 　　　　　 의 말씀을 하셨다.

④ 친구의 결혼식을 축하하러 온 　　　　　 이 결혼식장에 가득했다.

⑤ 생일 　　　　 해.

동(同)
: 같다

동시 (同時) – 같은 때나 시기.
동행 (同行) – 같이 길을 가거나 함께 가는 사람.
공동 (共同) – 둘 이상의 사람이나 단체가 함께 일을 하거나, 같은 자격으로 관계를 가짐.
동의 (同意) – 의견이 같음.

⑥ 여행을 혼자 가면 위험할지도 모르니 　　　　　 을 구하도록 해라.

⑦ 나는 당신의 의견에 　　　　　 합니다.

⑧ 피아노 건반 두 개를 　　　　　 에 누르면 화음이 난다.

⑨ 　　　　　 으로 쓰는 물건은 소중히 다루어야 한다.

기본 문제

정답 p.239

1 다음은 소리가 같은 한자 '하'(夏, 賀)에서 만들어진 어휘들입니다. 뜻이 다른 한자에서 만들어진 어휘들을 묶어서 써 보세요.

하계 ｜ 축하 ｜ 입하 ｜ 근하신년 ｜ 하객 ｜ 하복 ｜ 연하장

㉠ 여름 하(夏):

㉡ 축하하다 하(賀):

2 다음은 소리가 같은 한자 '동'(冬, 同)에서 만들어진 어휘들입니다. 뜻이 다른 한자에서 만들어진 어휘들을 묶어서 써 보세요.

동복 ｜ 동의 ｜ 공동 ｜ 동계 올림픽 ｜ 동시

㉠ 겨울 동(冬):

㉡ 같다 동(同):

3 다음 어휘가 들어간 간단한 문장을 써 보세요.

하계:

동의:

축하:

정답 p.239

'처음, 어린, 서툰'의 뜻을 가진 접두사

고유어 첫–과 한자어 초(初)–는 '첫째, 처음, 시작'의 뜻을 더하는 접두사입니다.
풋–과 선–은 고유어 접두사로 각각 '덜 여문', '서툰'을 뜻합니다.

접두사(接頭辭)

첫– : 접두사 첫–은 '첫 번째'의 의미를 더해 줍니다.

첫눈, 첫걸음, 첫딸, 첫마디, 첫사랑, 첫인사, 첫인상, 첫출발, 첫손가락, 첫판, 첫겨울

첫눈에 알아보다 : 처음 보자마자 단번에 알아봄.

첫사랑 : 처음으로 느끼거나 맺은 사랑.

첫걸음을 떼다 : 어떤 일을 처음 시작함.

첫손가락으로 꼽다 : 여럿 가운데서 가장 뛰어남.

초(初)– : 접두사 초(初)–는 '처음, 시작'의 의미를 더해 줍니다.

초봄, 초여름, 초가을, 초겨울, 초저녁, 초주검, 초하루

초하루 : 매달 첫째 날.

초주검 : 두들겨 맞거나 지쳐서 거의 죽게 된 상태.

초(超)– : 접두사 초(超)–는 '처음, 시작'이라는 뜻의 접두사 초(初)–와 소리는 같지만, 어떤 범위나 정도를 넘어선다는 뜻을 더해 줍니다.

초고속, 초만원, 초능력, 초자연, 초인간, 초음속, 초강대국, 초특급, 초음파, 초대형, 초고층

초능력 : 텔레파시, 투시, 공중부양 등 과학으로는 설명하기 어려운 기이한 초자연적 능력.

초음속 : 1초에 약 340m를 가는 소리의 속도보다 빠른 속도.

초음파 : 사람의 귀로 들을 수 있는 범위보다 높은 주파수의 소리.

풋- : 접두사 풋-은 '서툰, 미숙한'의 뜻과 더불어 채소나 과일이 '처음 나온, 덜 익은'의 의미를 더해 줍니다.

풋고추, 풋과일, 풋사과, 풋나물, 풋김치, 풋내기, 풋사랑

풋과일 : 아직 덜 익은 과일.

풋나물 : 봄철에 새로 난 나무나 풀의 연한 싹으로 만든 나물.

풋내기 : 처음 일을 해보는 사람이라서 서투른 사람.

풋사랑 : 어려서 겪는 깊이가 얕고 들뜬 사랑.

선- : 접두사 선-은 '서툰, 충분하지 않은'의 의미를 더해 줍니다.

선머슴, 선무당, 선웃음, 선잠

선무당이 사람 잡는다 : 일에 서투른 사람이 함부로 하다가 큰일을 저지르게 된다는 뜻.

선머슴 : 차분하지 못하고 덜렁거리는 사내아이.

선잠 : 깊이 들지 못하거나 충분하게 이루지 못한 잠.

모국어 열쇠 활용 문제

다음 낱말에 접두사 '첫-, 초(初, 超)-, 풋-, 선-' 중에서 하나를 선택하여 새 낱말을 만들어 보세요.

가을		무당	
주검		나물	
능력		사과	
사랑		잠	
인상		걸음	
음속		과일	

심화 문제

1 다음 설명을 읽고 알맞은 어휘를 골라서 써 넣어 봅시다.

치하 | 추월 | 하계 | 공동 | 추신

㉠ 둘 이상의 사람이나 단체가 함께 일을 하거나 같은 자격으로 관계를 가짐.

☞ _____

㉡ 남이 한 일에 대하여 고마움이나 칭찬의 뜻을 표시하는 일. ☞ _____

㉢ 뒤에서 따라잡아서 앞의 것보다 먼저 나아감. ☞ _____

㉣ 편지의 내용을 다 적고 나서 쓸 말이 뒤늦게 생각났을 때 편지 끝에

덧붙이고 적는 말. ☞ _____

㉤ 여름인 시기. ☞ _____

2 다음 문장의 빈칸에 알맞은 단어를 골라서 넣어 봅시다.

추월 | 동의 | 추적 | 추신 | 하복 | 공동

㉠ 다른 차를 앞지르기 위해 _____ 할 때 다칠 수도 있으므로 주의가 필요하다.

㉡ 개는 후각이 발달하여 냄새를 잘 맡고 목표물을 잘 _____ 한다.

㉢ 제 생각은 다릅니다. 당신 말씀에는 _____ 하기 어렵습니다.

㉣ 날씨가 더워졌으니 다음 주부터 _____ 을 입고 등교하세요.

㉤ 이것은 우리가 _____ 으로 이뤄낸 성공입니다.

㉥ 편지를 받자마자 꼭 답장해 달라고 _____ 에 적었는데 아직도 답장이 오지 않았다.

정답 p.239

3 다음 어휘들 중에서 2개 이상 고른 후 그 어휘들이 들어간 짧은 글을 써 보세요.

| 춘분 | 추분 | 추적 | 추억 | 동시 | 동계 | 하계 | 축하 | 연하장 |

4 우리나라는 춘하추동 사계절이 뚜렷합니다. 봄, 여름, 가을, 겨울을 상상할 때 떠오르는 낱말을 적어 보세요. 그리고 나는 사계절 중 어떤 계절을 가장 좋아하는지 쓰고 그 이유를 쓰세요.

사계절에 떠오르는 낱말

봄: 가을:

여름: 겨울:

내가 좋아하는 계절과 이유:

학습할 내용

21. 일월(日月): 해와 달

대립 어휘 61. 일별(日別) : 월별(月別)
대립 어휘 62. 일식(日蝕) : 월식(月蝕)
대립 어휘 63. 일요일(日曜日) : 월요일(月曜日)

같은 소리 다른 한자

일(逸) "달아나다, 편안하다"
안일(安逸) / 일화(逸話) / 일탈(逸脫) / 무사안일(無事安逸)

월(越) "넘다"
추월(追越) / 초월(超越) / 탁월(卓越) / 월등(越等) / 우월(優越)

22. 신구(新舊): 새 것과 낡은 것

대립 어휘 64. 신대륙(新大陸) : 구대륙(舊大陸)
대립 어휘 65. 신세대(新世代) : 구세대(舊世代)
대립 어휘 66. 신정(新正) : 구정(舊正)

같은 소리 다른 한자

신(身) "몸"
신장(身長) / 신분(身分) / 신체(身體) / 자신(自身)

구(球) "공"
지구(地球) / 축구(蹴球) / 농구(籠球) / 적혈구(赤血球)

11장

—

일 日

月 월

일월은 해와 달의 대립 개념입니다. 사람들은 해와 달로 인해 일어나는 현상을 보고 하루의 시간, 1년과 한 달의 기간을 정했습니다.

일과 월이 대립하는 표현

일일 시간표	월간 시간표
일별 계획표	**월**별 계획
일급 노동자	**월**급 노동자
일요일 휴식	**월**요일 피로

일요일	**월**요일	**일**식	**월**식
금**일**	금**월**	**일**광	**월**광
일출	**월**출	**일**간 잡지	**월**간 잡지

주제 쓰기

대립 어휘 61 일별(日別) : 월별(月別)

난이도 ✽
〈통합〉

하루씩 세는 것이 **일별**, 한 달씩 세는 것이 **월별**

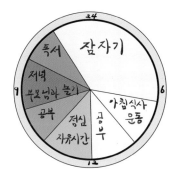

일	월	화	수	목	금	토
		1	2	3	4	5
6	7	8	9	10	11	12
13	14	15	16	17	18	19
20	21	22	23	24	25	26
27	28	29	30	31		

우리는 시간표에 정해진 대로 살아야 할까?

학교의 칠판에는 일주일 동안 배울 주간 시간표가 있습니다. 학생들은 이 시간표를 보고 이튿날 학습할 책과 준비물을 챙깁니다. 물론 선생님도 이 시간표를 보고 수업 준비를 하지요. 주간 시간표에는 **일별**로 학습할 과목이 정해져 있지요. 일별 시간표도 있지만 **월별**로 정리된 시간표도 있어요. 선생님들은 3월부터 다음 해 2월까지 어떤 일을 해야 할지 미리 계획을 세웁니다. 그래서 매월 해야 할 일들이 월별 계획표에 기록되어 있습니다. 방학이 되면 우리는 매일 해야 할 일을 정해 하루의 시간표를 작성하기도 합니다.

그렇지만 세상에 시간표대로 살고 있는 사람은 많지 않습니다. 우리가 작성한 시간표대로 살지 못한다고 해서 우울해 할 필요는 없어요. 밖에서 농구를 하다가 재미있으면 조금 더 할 수도 있고, 예정된 시간보다 공부가 더 빨리 끝날 수도 있습니다. 시간표에 얽매이지 않고 자유롭게 나의 삶을 사는 것이 중요합니다. 여러분은 방학 때 며칠이나 시간표대로 살았나요?

핵심 낱말

대립 어휘 표현

일별 지출 : 월별 지출 | 일별 편성표 : 월별 편성표

주제 쓰기

대립 어휘 **62**

난이도 ✱✱✱
〈과학〉

일식(日蝕) : 월식(月蝕)

달이 태양을 가리는 현상이 **일식**,
지구가 달의 일부나 전부를 가리는 현상이 **월식**

핵심 낱말

일식과 월식은 왜 일어날까?

　　지구는 태양 주위를, 달은 지구 주위를 돌고 있습니다. 지구가 태양의 주위를 한 바퀴 도는 데 1년이 걸립니다. 이와 유사하게 달은 지구의 주위를 돌고 있습니다. 달이 지구를 한 바퀴 도는데 걸리는 시간은 29.5일입니다. 이렇게 돌다 보면 지구-달-태양의 순서로 일직선이 될 때가 있습니다. 그렇게 되면 달 때문에 지구에서 태양을 볼 수 없게 됩니다. 이렇게 달이 태양의 일부나 전부를 가리는 현상이 **일식**이지요. 태양의 일부가 가려지면 부분 일식이고 전부가 가려지면 개기 일식이라고 합니다. 달이 태양의 정 중앙에 있어서 태양의 가장자리만 고리 모양으로 빛나는 현상도 있는데 이는 '금환식(金環蝕)'이라고 부릅니다.

　　월식은 달-지구-태양의 순서가 될 때 일어납니다. 지구의 그림자 때문에 달의 일부 또는 전부가 가려지는 현상입니다. 달의 부분만 가려지면 부분 월식이고 전부가 가려지면 개기 월식입니다.

대립 어휘 표현

개기 일식 : 개기 월식 | 부분 일식 : 부분 월식

대립 어휘 63

난이도 ✱✱
〈국어〉, 〈과학〉

일요일(日曜日) : 월요일(月曜日)

일요일은 쉬는 날이고 **월**요일은 일을 시작하는 날

주제 쓰기

왜 일주일은 7일일까?

월요일부터 일요일까지 7일이 모여서 일주일이 됩니다. 왜 일주일은 5일 또는 10일이 아니라 7일일까요? 고대 동양인들은 우주를 관찰하다가 보통의 별과는 다른 다섯 개의 천체를 발견했습니다. 그들이 발견한 행성은 수성, 금성, 화성, 목성, 토성이었습니다. 그들은 이 행성에 태양과 달을 더해서 월, 화, 수, 목, 금, 토, 일로 일주일을 만들었습니다. 고대인들은 이 일곱 개의 행성이 7일을 주기로 번갈아 가며 하루를 지배한다고 생각했지요. **일요일**(日曜日)과 **월요일**(月曜日) 등에 쓰이는 한자 요(曜)는 '빛나다'의 뜻입니다. 고대인들은 요일마다 7개의 행성이 돌아가면서 빛난다고 생각했습니다. 일요일에는 태양, 월요일에는 달, 목요일에는 목성이 빛나는 날입니다.

서양에서는 성경에서 신이 6일간 세상을 만들고 7일째가 되는 토요일에 쉬었다고 해서 일주일을 7일로 만들었지요. 중국의 한나라에서는 일주일이 5일, 당나라 때는 10일이었다고 합니다. 여러분이 다시 일주일을 만든다면 몇 일로 정하고 싶나요?

일	월	화	수

핵심 낱말

대립 어휘 표현

일요일 날씨 : 월요일 날씨 | 일요일 계획 : 월요일 계획

같은 **소리 다른 한자**

다음 한자를 익히고 예문의 빈칸을 채워 봅시다.

정답 p.240

일(逸)
: 달아나다, 편안하다

안일 (安逸) – 편안하고 한가로움만을 누리려는 태도.

일화 (逸話) – 아직 세상에 알려지지 않은 이야기.

일탈 (逸脫) – 행동 등이 빗나가고 벗어남.

무사안일 (無事安逸) – 일 없이 편안하고 한가로움을 유지하려는 태도.

① 이 사고는 관리자의 ＿＿＿＿＿＿＿＿한 태도에서 비롯되었다.

② 공부만 하다 보면 청소년들이 ＿＿＿＿＿ 행동을 할 수 있다.

③ 그 마을에는 한 청년이 맨 손으로 호랑이를 잡았다는 ＿＿＿＿＿가 있다.

④ 그렇게 ＿＿＿＿＿한 마음으로 일을 했으니 실패할 수밖에 없었다.

월(越)
: 넘다

추월 (追越) – 뒤에서 따라잡아서 앞의 것보다 먼저 나아감.

초월 (超越) – 어떠한 한계를 뛰어넘음.

탁월 (卓越) – 다른 것보다 눈에 띄게 뛰어남.

월등 (越等) – 다른 것보다 수준이 훨씬 뛰어남.

우월 (優越) – 다른 것보다 나음.

⑤ 도로가 밀리는데 기차를 이용한 것은 ＿＿＿＿＿한 선택이었다.

⑥ 뒤늦게 출발한 선수가 속력을 내더니 이내 앞 선수들을 ＿＿＿＿＿했다.

⑦ 지금 다른 친구보다 조금 잘 한다고 ＿＿＿＿＿감에 빠지지 않아야 한다.

⑧ 우리 반의 수학 점수가 다른 반보다 ＿＿＿＿＿히 뛰어나다.

⑨ 그 사람들은 국경을 ＿＿＿＿＿해서 봉사활동을 해 왔다.

기본 문제

정답 p.240

1 다음은 소리가 같은 한자 '일'(日, 逸)에서 만들어진 어휘들입니다. 뜻이 다른 한자에서 만들어진 어휘들을 묶어서 써 보세요.

일식 | 안일 | 일별 | 일탈 | 일요일 | 일화

ㄱ 해 **일(日)**:

ㄴ 달아나다, 편안하다 **일(逸)**:

2 다음은 소리가 같은 한자 '월'(月, 越)에서 만들어진 어휘들입니다. 뜻이 다른 한자에서 만들어진 어휘들을 묶어서 써 보세요.

초월 | 월식 | 월별 | 월요일 | 추월 | 우월

ㄱ 달 **월(月)**:

ㄴ 넘다 **월(越)**:

3 다음 어휘가 들어간 간단한 문장을 써 보세요.

월등:

일요일:

일등:

신 新 舊 구

새 것과
낡은 것

신구는 새로움과 낡음을 구분하는 대립 개념입니다.
신(新)은 새 것 또는 새롭게 생겨난 것,
구(舊)는 낡거나 오래된 것을 의미합니다.

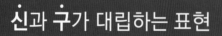

신과 구가 대립하는 표현

신대륙	구대륙
신세대	구세대
신정	구정

신제도	구제도
신식	구식
신형 컴퓨터	구형 컴퓨터

신석기 시대	구석기 시대
최신형 제품	구닥다리 제품
신형 휴대폰	구형 휴대폰
혁신파	수구파

대립 어휘 64

난이도 ✱✱
〈사회〉, 〈도덕〉

신대륙(新大陸) : 구대륙(舊大陸)

새롭게 발견한 대륙이 **신**대륙, 이미 알고 있는
대륙이 **구**대륙

주제 쓰기

콜럼버스는 정말로 신대륙을 발견했을까?

약 500년 전 유럽에서는 후추가 매우 비쌌습니다. 후추가 많이 생산되는
인도로 가는 가장 빠른 길을 알아내면 많은 돈을 벌 수 있다고 사람들은 생각
했지요. 그래서 콜럼버스는 인도로 가는 최단 경로를 찾으려고 배를 타고 서쪽
으로 떠났습니다. 1492년 8월 콜럼버스는 3척의 배에 120명의 선원을 이끌고
서쪽으로 항해한 끝에 그 해 10월 육지에 도착했습니다. 콜럼버스는 유럽인들
이 알고 있었던 유럽, 아시아, 아프리카 등의 **구대륙**이 아닌 **신대륙**을 발견한
것입니다. 이 대륙이 아메리카 대륙입니다.

콜럼버스가 아메리카 신대륙을 처음으로 발견한 사람으로 알려져 있습니
다. 그러나 콜럼버스보다 먼저 아메리카 대륙에 도착한 사람이 많이 있었습니
다. 폴리네시아 사람들, 아프리카 사람들 그리고 북유럽의 바이킹들이 콜럼버
스보다 아메리카 대륙에 먼저 다녀갔습니다. 또한 콜럼버
스는 자신이 발견한 땅을 인도(India)
라고 착각했기 때문에 아메리카
대륙에 살던 원주민들의 이
름을 인도 사람이라는 뜻
에서 인디언(Indian)이
라고 불렀습니다.

핵심 낱말

대립 어휘 표현

신대륙 국가 : **구대륙 국가** | 신대륙 원주민 : **구대륙 탐험가** | 신대륙 인디언 : **구대륙 유럽인**

주제 쓰기

핵심 낱말

대립 어휘 **65**	**신세대**(新世代) **: 구세대**(舊世代)
난이도 ✱✱✱ 〈국어〉, 〈사회〉	20대 이하의 젊은 세대가 **신**세대, 신세대보다 나이가 많은 세대가 **구**세대

신세대는 어떤 특징이 있을까?

　우리나라의 구세대는 전쟁을 직접 겪었거나, 그 뒤의 혼란 속에서 자랐습니다. 그들이 어려운 환경 속에서도 노력했기 때문에 지금 우리가 풍요롭게 살아갈 수 있는 시대가 열렸습니다. 구세대는 고생을 했지만 눈부신 발전과 경제 성장을 이룩했습니다. 그 덕분에 신세대는 배고픔, 어려움 그리고 가난함을 덜 겪으며 자랐습니다. 신세대와 구세대는 매우 다른 환경에서 성장을 했습니다. **신세대**는 빠르게 변하는 생활 방식과 문화에 쉽게 적응합니다. 그리고 신세대는 개성이 강하고 개인적인 삶에 관심이 많습니다. 그래서 신세대와 구세대 간에 문화적인 충돌이 일어나기도 합니다. **구세대**는 오래 전부터 전해 내려온 관습과 전통을 중시하기 때문입니다.

　이처럼 신세대와 구세대는 서로 다른 생각과 가치관을 가지고 있습니다. 하지만 우리 사회는 신세대와 구세대의 사람들이 함께 살아가는 공동체입니다. 양쪽 모두 조금씩 양보하고 배려하면서 서로 이해하며 살아가는 사회를 만들어야 합니다.

대립 어휘 표현

신세대 문화 : 구세대 문화 | **신세대**와 **구세대** 간의 차이 | **신세대**와 **구세대** 간의 소통

대립 어휘 66

난이도 ✱✱
〈국어〉

신정(新正) : 구정(舊正)

양력으로 새해 첫날인 1월 1일이 **신정**,
음력으로 새해 첫날이 **구정**

주제 쓰기

왜 신정과 구정이 따로 있을까?

　우리나라는 원래 음력을 사용했습니다. 달이 차고 기우는 것을 기준으로 하는 음력이 농사를 짓는 데 편리하기 때문이었습니다. 그러나 1896년, 서양의 문물을 받아들이기 시작하면서 태양을 기준으로 한 양력을 사용하게 되었습니다. 하지만 우리는 경칩, 정월 대보름, 입추, 추석 등의 전통적 절기를 중시합니다. 그리고 어른들은 양력이 아니라 음력으로 생일을 기억하는 사람들도 많습니다.

　양력으로 새해 첫날인 1월 1일이 신정이고 휴일입니다. 사람들은 대부분 집에서 쉬거나 가족, 친구들과 함께 보냅니다. 동해로 해돋이를 보러 가는 사람들도 있습니다. 음력으로 새해 첫 날이 설날입니다. 일제 강점기 때 일제가 양력 1월 1일을 **신정**이라고 한 뒤, 한국인들의 고유 명절인 설날을 없애려고 설날을 **구정**으로 바꿨습니다.

핵심 낱말

　우리 민족의 전통 명절인 설날에는 고향집을 찾아가 친척들을 만나고 새해 인사를 드립니다. 그리고 설날 아침에는 조상님께 차례를 올립니다. 설날은 양력과 음력에 차이가 있기 때문에 매년 달라져 1월일 때도 있고 2월일 때도 있습니다. 여러분은 설날에 세뱃돈을 얼마나 받았나요?

대립 어휘 표현

양력 설은 신정 : 음력 설은 구정 | 신정 연휴 : **구정 연휴** | 신정 휴가 : **구정 휴가**

같은 소리 다른 한자

다음 한자를 익히고 예문의 빈칸을 채워 봅시다.

정답 p.240

신(身)
: 몸

신장 (身長) – 똑바로 섰을 때 발바닥에서 머리끝에 이르는 몸의 길이(=키).
신분 (身分) – 개인의 사회적인 위치나 계급.
신체 (身體) – 사람의 몸.
자신 (自身) – 다른 사람이 아니라 스스로를 강조하는 말.

① 조선 시대에는 _____ 제도가 있어 모든 사람은 양반, 중인, 상민, 천민으로 나뉘었다.

② 소크라테스는 '너 _____ 을 알라'는 명언을 남겼다.

③ 그 농구선수의 _____ 은 2미터가 넘어서 유리한 체격 조건을 갖고 있다.

④ 내일 _____ 검사에서는 키, 몸무게, 가슴둘레, 앉은키, 시력을 잽니다.

구(球)
: 공

지구 (地球) – 우리가 살고 있는 행성으로 태양에서 세 번째로 가까움.
축구 (蹴球) – 발로 공을 차서 승부를 겨루는 경기.
농구 (籠球) – 상대편의 바스켓(골대)에 손으로 공을 던져 넣는 경기.
적혈구 (赤血球) – 피 속에 들어 있는 것으로 산소를 옮기는 붉은 색 성분.

⑤ _____ 에는 약 70억 명의 사람이 살고 있다.

⑥ 철분 섭취가 부족하면 _____ 가 생성되지 못해 빈혈이 생긴다.

⑦ 키가 크다고 모두 _____ 를 잘하는 것은 아니다.

⑧ 한국이 2015년 호주에서 열린 아시아 _____ 대회에서 준우승을 차지했다.

기본 문제

정답 p.240

1 다음은 소리가 같은 한자 '신'(新, 身)에서 만들어진 어휘들입니다. 뜻이 다른 한자에서 만들어진 어휘들을 묶어서 써 보세요.

신대륙 | 신장 | 신세대 | 자신 | 신분 | 신제도 | 신체

ㄱ 새롭다 신(新):

ㄴ 몸 신(身):

2 다음은 소리가 같은 한자 '구'(舊, 球)에서 만들어진 어휘들입니다. 뜻이 다른 한자에서 만들어진 어휘들을 묶어서 써 보세요.

축구 | 구정 | 적혈구 | 구세대 | 지구 | 구대륙 | 농구

ㄱ 옛 구(舊):

ㄴ 공 구(球)

3 다음 어휘가 들어간 문장을 써 보세요.

지구:

신체:

자신:

정답 p.240

장소와 범위를 나타내는 접미사

우리말에는 장소나 범위를 뜻하는 접미사가 많습니다. '–국(國), –권(圈), –촌(寸), –지(地), –장(場), –실(室)'은 접미사로 낱말 뒤에 붙어서 특정한 장소나 범위를 뜻합니다.

접미사(接尾辭)

–국(國) : 접미사 –국(國)은 나라를 뜻합니다.

강대국, 약소국, 독립국, 중립국, 연합국, 동맹국, 승전국, 패전국, 선진국, 후진국

독립국 : 다른 나라에 지배당하거나 기대지 않으며 스스로 살아갈 수 있는 나라.

중립국 : 어느 편에도 치우치지 않으며 중간 입장을 지키는 나라.

동맹국 : 서로 같은 편이 되기로 맹세한 나라들.

–권(圈) : 접미사 –권(圈)은 범위를 나타냅니다.

대기권, 수도권, 상위권, 하위권, 북극권, 남극권, 동양권, 서양권, 합격권, 안정권, 세력권, 문화권

대기권 : 지구를 둘러싸고 있는 공기의 범위.

세력권 : 어떤 것의 힘이 미치는 범위.

문화권 : 공통된 특징을 보이는 어떤 문화가 나타나는 범위.

–촌(寸) : 접미사 –촌(寸)은 마을이나 지역을 뜻합니다.

지구촌, 선수촌, 민속촌, 빈민촌, 판자촌, 천막촌, 대학촌, 문화촌, 탄광촌

지구촌 : 지구 전체를 한 마을처럼 여겨 이르는 말.

선수촌 : 선수들이 모여서 먹고 잘 수 있도록 시설을 갖추어 놓은 지역.

민속촌 : 전통 문화와 풍습을 보존하고 전시하기 위해서 만든 마을.

–지(地) : 접미사 –지(地)는 장소를 의미합니다.

거주지, 출생지, 휴양지, 목적지, 도착지

거주지 : 살고 있는 장소.

출생지 : 태어난 곳.

목적지 : 가야 할 목적으로 삼는 곳.

-장(場) : 접미사 -장(場)은 어떤 행위를 하는 장소를 뜻합니다.

운동장, 경기장, 축구장, 농구장, 야구장, 수영장, 고사장, 시험장, 실험장

운동장 : 운동이나 놀이 등을 할 수 있도록 만들어 놓은 넓은 마당.

경기장 : 경기를 할 수 있도록 시설과 관람석을 갖춘 곳.

시험장 : 시험을 보기 위해 특정한 시설을 갖추어 놓은 곳.

-실(室) : 접미사 -실(室)은 일하는 장소나 학습하는 곳을 의미합니다.

교장실, 교무실, 양호실, 컴퓨터실, 음악실, 과학실, 탈의실, 경비실, 회의실, 사무실

교무실 : 선생님이 교재나 수업을 준비하는 등 여러 가지 일을 맡아보는 곳.

양호실 : 건강이나 위생에 관한 일을 맡아보는 곳.

사무실 : 사람들이 일을 하는 장소나 방.

모국어 열쇠 활용 문제

다음 낱말에 접미사 '-국(國), -권(圈), -촌(村), -지(地), -장(場), -실(室)' 중에서 하나를 선택하여 새 낱말을 만들어 보세요.

독립		문화	
교무		지구	
동맹		양호	
난민		운동	
거주		대기	

심화 문제

1 다음 표에 대립하는 한자어로 빈칸을 완성해 봅시다.

신대륙		신세대	
신정			월요일
	월식	일별	

2 다음 문장에 알맞은 단어를 골라서 동그라미를 그려 봅시다.

㉠ 하루에 TV를 2시간 이상 보지 않기로 엄마랑 (약속 / 계약)했잖니?

㉡ (승강기 / 한강)에서 뛰면 안 된다. 떨어질 위험이 있어 위험하다.

㉢ 우리의 (축구 / 지구)를 위해 물을 (절약 / 한약)해야 한다.

㉣ 올 겨울에는 강원도에 눈이 많이 내렸다. 역대 최고의 (강설량 / 강우량)을 기록했다.

정답 p.240

3 다음 어휘들 중에서 2개 이상 고른 후 그 어휘들이 들어간 짧은 글을 써 보세요.

신대륙 | 구정 | 신분 | 자신 | 농구 | 강자 | 승강기 | 약국 | 약속 | 절약

4 여러분은 세상을 위해서 큰 업적을 남긴 위인들의 전기를 읽어 보았습니다. 어떤 사람은 세종대왕, 어떤 사람은 이순신 장군을 가장 존경합니다. 여러분이 가장 존경하는 사람을 쓰고 그 이유를 써 보세요.

가장 존경하는 인물:

가장 존경하는 이유:

학습할 내용

23. 강약(强弱): 셈과 여림

대립 어휘 67. 강점(强點) : 약점(弱點)
대립 어휘 68. 강자(强者) : 약자(弱者)
대립 어휘 69. 강화(强化) : 약화(弱化)

같은 소리 다른 한자

강(江) "강"
한강(漢江) / 압록강(鴨綠江) / 두만강(豆滿江) /
낙동강(洛東江) / 금수강산(錦繡江山)
약(藥) "약"
약사(藥師) / 약국(藥局) / 한약(韓藥)

24. 경중(輕重): 가벼움과 무거움

대립 어휘 70. 경시(輕視) : 중시(重視)
대립 어휘 71. 경공업(輕工業) : 중공업(重工業)
대립 어휘 72. 경량(輕量) : 중량(重量)

같은 소리 다른 한자
경(景) "경치"
경치(景致) / 풍경화(風景畵) / 배경(背景) /
경복궁(景福宮) / 야경(夜景)
중(中) "가운데"
중간(中間) / 중반(中盤) / 중순(中旬) / 중세(中世) /
중심(中心) / 중앙(中央) / 중부(中部) / 식중독(食中毒)

12장

—

강 强   弱 약

강약은 힘이나 세력의
대립 개념입니다.
강(强)은 힘이나 세력이 센 것,
약(弱)은 약한 것을 표현합니다.

강과 약이 대립하는 표현

					강인한	허약한
강점	약점		강대국	약소국	부강한	빈약한
강자	약자		강팀	약팀	건강한	쇠약한
강화	약화		강호	약체	강세	약세

주제 쓰기

대립 어휘 **67**

난이도 ✱
〈국어〉

강점(强點) : 약점(弱點)

남보다 잘하거나 뛰어난 것이 **강점**,
못하거나 부족한 것이 **약점**

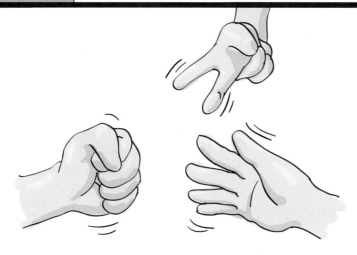

가위바위보는 어디에서 유래했을까?

　가위바위보는 전세계적으로 유명한 놀이입니다. 아이들뿐만 아니라 어른들도 내기를 할 때 가위바위보를 하곤 합니다. 가위, 바위, 보는 각각 **강점**과 **약점**을 공평하게 지니고 있어서 무엇을 내든 운에 맡겨야 합니다. 자신이 낸 것보다 강한 것이 나오면 지고, 약한 것이 나오면 이기며, 같은 것이 나오면 한 번 더 내지요. 그렇다면 가위바위보 놀이는 어디서 유래했을까요?

　고대 중국의 술자리에서 하던 놀이 중 충권이라는 것이 있었습니다. 충권은 가위바위보와 비슷한 놀이지만 엄지, 검지 그리고 새끼 손가락을 사용하는 점이 달랐습니다. 충권에서 엄지는 뱀, 검지는 개구리, 새끼 손가락은 민달팽이를 상징했습니다. 뱀은 개구리를 이기지만 민달팽이에게 약하고, 개구리는 민달팽이를 이기지만 뱀에게 약합니다. 사람들은 이 충권을 가위바위보의 유래로 보고 있습니다. 가위바위보 놀이를 응용해서 '묵찌빠'나 '하나 빼기 일'과 같은 게임이 나왔습니다. 여러분은 이 게임들을 알고 있나요?

주제 쓰기

핵심 낱말

▶ **대립 어휘 표현**
상대의 강점 : 상대의 약점 ｜ 나의 강점 : 나의 약점 ｜ 강점 살리기 : 약점 보완하기

주제 쓰기

핵심 낱말

대립 어휘 **68**	강자(强者) : 약자(弱者)
난이도 ✱✱ 〈사회〉	**강**자는 강한 사람, **약**자는 약한 사람

법은 어떻게 만들어졌을까?

법이 생기기 전에는 강자가 약자를 괴롭히는 일이 자주 있었습니다. 약자는 자신의 물건을 빼앗기거나 두들겨 맞기도 했지요. 약자는 괴롭힘을 참다 못해 힘을 모아서 강자에게 맞서기 시작했습니다. 이렇게 강자와 약자 간의 다툼이 계속되었습니다. **약자**들은 강자들이 언제 괴롭힐지 몰라 두려워하였고, **강자**들은 약자들이 모여서 덤빌 것을 걱정했습니다. 그래서 사람들은 평화롭게 어우러져 살기 위해서 누구나 지켜야 할 규칙을 만들었습니다. 바로 이것이 법이 생겨난 이유입니다.

법이 만들어지고 나서 사람들은 다툴 일이 생기면 법으로 문제를 해결했습니다. 어떤 사람이 다른 사람에게 잘못을 저지르면 법에 따라 처벌했습니다. 기원전 1790년경 만들어진 '함무라비 법전'은 "눈에는 눈, 이에는 이"라는 원칙으로 유명합니다. 이 법은 죄를 저지른 자에게 똑같은 벌을 줍니다. 법은 강자든 약자든 상관없이 죄에 따라 처벌합니다. 법은 모든 사람에게 공평하게 적용되는 사람들의 약속입니다.

대립 어휘 표현

강자의 횡포 : 약자의 설움 | 강자에 맞서서 약자를 돕는 의로움 | 강자에게 약하고 약자에 강한 비굴함

대립 어휘 69

난이도 ✱✱
〈과학〉, 〈체육〉

강화(强化) : 약화(弱化)

강해지는 것이 **강**화, 약해지는 것이 **약**화

우리 몸은 언제 강화되고 약화될까?

사람의 근육은 자주 쓸수록 발달합니다. 팔 운동을 많이 하면 팔의 근육이, 달리기를 꾸준히 하면 다리와 폐가 **강화**됩니다. 운동선수들은 매일 훈련을 하며 근육을 강화하기 위해 노력합니다. 그런데 운동 선수 중에는 노력하지 않고 근육을 강화할 수 있는 약물 복용의 유혹에 빠지기도 합니다. 스테로이드 등의 약물을 복용하면 근육의 성장 속도가 증가하기 때문입니다. 하지만 운동선수의 약물 복용은 엄격하게 금지되어 있습니다. 약물 복용은 훈련을 통해서 단련한 체력과 기술로 정정당당하게 승부를 겨루는 스포츠 정신에 위배되는 반칙입니다.

사람의 근육은 사용하지 않으면 점점 **약화**됩니다. 사고로 인해 몸을 움직이지 못하거나, 적절한 운동을 하지 않으면 근육이 줄어듭니다. 청소년 시기에는 근육을 강화하기 위해서, 나이가 들면 근육의 약화를 막기 위해서 운동을 꾸준히 해야 합니다. 여러분은 운동을 해서 신체의 어느 부분의 근육을 더 키우고 싶은가요?

대립 어휘 표현

권력 강화 : 권력 약화 | 근육 강화 : 근육 약화 | 경쟁력 강화 : 경쟁력 약화

같은 소리 다른 한자

다음 한자를 익히고 예문의 빈칸을 채워 봅시다.

정답 p.240

강(江)

: 강

압록강 (鴨綠江) – 한반도에서 가장 긴 강으로 백두산에서 시작하여 서해로 흘러감.

두만강 (豆滿江) – 백두산에서 시작하여 동해로 흘러가며 중국과의 경계를 이룸.

낙동강 (洛東江) – 경상도 지방을 가로질러 남해로 흘러가는 강.

한강 (漢江) – 태백산맥에서 시작하여 우리나라 중부를 흐르는 강.

금수강산 (錦繡江山) – 고운 비단에 수를 놓은 것처럼 아름다운 강과 산.

① _____ 은 한반도에서 가장 긴 강으로 중국과 한반도를 나누는 경계이다.

② 우리나라의 아름다운 자연을 예부터 '삼천리 _____' 이라고 불렸다.

③ 서울은 _____ 을 기준으로 강남과 강북으로 나뉜다.

④ _____ 은 한반도에서 두 번째로 긴 강으로 백두산에서 동해로 흐른다.

⑤ 한국 전쟁에서 북한군이 부산 지역의 _____ 까지 점령했던 적이 있다.

약(藥)

: 약

약사 (藥師) – 국가의 허가를 받아서 약을 제조하고 판매하는 사람.

약국 (藥局) – 약을 제조하고 판매하는 곳.

한약 (韓藥) – 주로 산이나 들에서 자라는 식물로 만들어진 약.

⑥ 독한 감기에 걸렸다고 했더니 _____ 가 좋은 약을 추천해 주었다.

⑦ 엄마가 할머니께 드리려고 주말에 _____ 을 몇 첩 지으셨다.

⑧ 의사가 써 준 처방전을 _____ 에 내면 약을 받을 수 있다.

기본 문제

정답 p.240

1 다음은 소리가 같은 한자 '강'(强, 江)에서 만들어진 어휘들입니다. 뜻이 다른 한자에서 만들어진 어휘들을 묶어서 써 보세요.

강자 | 강대국 | 금수강산 | 강점 | 강화 | 한강

㉠ 강하다 강(强):

㉡ 강 강(江):

2 다음은 소리가 같은 한자 '약'(弱, 藥)에서 만들어진 어휘들입니다. 뜻이 다른 한자에서 만들어진 어휘들을 묶어서 써 보세요.

약소국 | 약사 | 약화 | 약자 | 한약 | 약국

㉠ 약하다 약(弱):

㉡ 약 약(藥):

3 다음 어휘가 들어간 간단한 문장을 써 보세요.

강점:

약화:

약국:

가벼움과 무거움

경 輕   重 중

경중은 무게나 상태의 대립 개념입니다. 가볍거나 상태가 심각하지 않은 것은 **경(輕)**, 무겁거나 상태가 심각한 것을 **중(重)**으로 표현합니다.

경과 중이 대립하는 표현

경미한 상처	위중한 상처
경시하다	중시하다	경징계	중징계	경범죄	중죄
경공업	중공업	경금속	중금속	경솔한	신중한
경량	중량	경감	가중	경멸하다	존중하다

대립 어휘 70

난이도 ✱✱
〈국어〉

경시(輕視) : 중시(重視)

대수롭지 않게 여기는 것이 **경시**, 중요하게
생각하는 것이 **중시**

우리는 왜 모국어를 중시해야 할까?

영어는 국제 사회에서 공용어로 사용되고 있습니다. 초강대국인 미국과 영국의 영향력이 크게 작용한 결과입니다. 글로벌 시대에 영어가 중요한 것은 사실이지만 우리나라에서는 필요 이상으로 영어를 **중시**하고 있습니다. 그래서 모국어를 제대로 습득하기 전부터 영어를 공부하는 아이들이 있습니다. 외국어는 모국어를 배우고 나서 배워야 잘 배울 수 있습니다. 반면에 모국어인 한국어는 학습하지 않아도 잘할 수 있다고 생각해서 **경시**하는 경향이 있습니다. 영어를 중시하는 것과 상반되는 모습입니다. 우리나라 사람들은 영어를 잘하는 사람을 부러워하지만 외국에서는 모국어를 더 중요하게 생각합니다.

모국어는 일상생활은 물론이고 지속적인 학습의 밑바탕입니다. 한국어를 잘해야 영어, 중국어, 일본어 등의 외국어도 쉽게 학습할 수 있습니다. 여러분의 모국어는 한국어입니다.

대립 어휘 표현

한국어를 경시하고 외국어를 중시하는 문제 | **사람을 경시하고 돈을 중시하는 사회 풍조**

주제 쓰기

대립 어휘 **71**	**경공업**(輕工業) : **중공업**(重工業)
난이도 ✱✱✱ 〈사회〉	**경공업**은 부피에 비해 무게가 가벼운 제품을, **중공업**은 부피에 비해 무거운 제품을 제조

경공업과 중공업은 어떤 물건들을 만들까?

공업은 사람이나 기계의 힘으로 재료를 가공하여 쓸모 있는 물건을 만드는 일입니다. 1970년대 이전에 기술이 부족했던 우리나라는 주로 옷, 가발, 신발 등 간단하고 가벼운 **경공업** 제품을 외국에 수출했습니다. 간단한 기술과 적은 자본으로도 쉽게 경공업 제품을 생산할 수 있습니다. 우리나라는 지금 자동차 나 선박, 기계, 철강 등 무거운 중공업 제품을 만들 수 있게 되었습니다. **중공업** 은 경공업보다 발전된 기술력과 많은 자본을 필요로 합니다. 우리나라의 경제 가 크게 성장했기 때문입니다.

많은 나라들이 경공업에서 중공업으로의 과정을 거치 면서 경제 성장을 이룩합니다. 최근에는 첨단 산업이 경제에서 중요한 부분이 되었습니다. 현재 우리나라 는 핸드폰, 반도체 등 고급 기술을 이용한 첨단 산업 을 발전시키고 있습니다. 여러분이 어른이 되는 미 래에는 어떤 산업이 가장 중요할까요?

핵심 낱말

대립 어휘 표현

경공업 중심 : **중공업 중심** | 경공업 도시 : **중공업 도시** | 경공업 육성 계획 : **중공업 육성 계획**

대립 어휘 **72**	경량(輕量) : 중량(重量)
난이도 ✱✱ 〈과학〉	무게가 가벼운 것이 **경량**, 무거운 것이 **중량**

주제 쓰기

1킬로그램(1kg)은 어떻게 정의할까?

우리나라에서 무게는 킬로그램(kg)과 그램(g) 단위로 잽니다. 사람의 몸무게, 감자나 고구마의 무게처럼 **중량**의 무게는 킬로그램을 사용하고, 1킬로그램을 넘지 않는 과자, 빵, 아이스크림처럼 **경량** 제품의 무게는 그램(g)으로 잽니다. 1그램은 1g, 1킬로그램은 1kg라고 씁니다. 1kg은 1,000g과 같습니다. 아주 가벼운 약이나 액체는 밀리그램(mg)을 사용하는데 1000mg이 1g입니다. 매우 무거운 중량을 잴 때는 톤(t)을 사용합니다. 1t은 1000kg입니다.

우리 생활에서 물이 기준이 되는 것이 많습니다. 온도를 표현하는 영상과 영하는 물이 얼기 시작하는 0도가 기준입니다. 무게를 재는 그램도 물을 기준으로 삼았습니다. 무게 1g은 가로, 세로, 높이가 1cm인 물의 무게입니다. 물의 부피를 나타내는 1리터는 1000g 즉, 1kg입니다. 열량을 표시하는 칼로리(cal)도 1g의 물을 1℃ 올리는 데 필요한 열량입니다. 물이 없으면 살 수 없는데 그 물이 우리의 일상 생활에도 큰 도움을 주고 있습니다. 물이 얼마나 소중한지 다시 한 번 생각해 보면 어떨까요?

핵심 낱말

대립 어휘 표현

경량급 : 중량급

같은 소리 다른 한자

다음 한자를 익히고 예문의 빈칸을 채워 봅시다.

정답 p.240

경(景)
: 경치

경치 (景致) – 산이나 들, 강, 바다 등의 자연이나 지역의 모습.
풍경화 (風景畵) – 자연의 모습 등 경치를 그린 그림.
배경 (背景) – 사물, 사건, 인물 등을 둘러싸고 있는 환경.
경복궁 (景福宮) – 서울특별시 종로구 세종로에 위치한 조선 시대의 궁전.
야경 (夜景) – 밤의 경치.

① 홍길동전에 나오는 이야기의 _____ 은 조선 시대이다.

② _____ 은 조선이 수도를 한양으로 옮기면서 지은 궁전이다.

③ 학교에서 열린 _____ 그리기 대회에서 상을 받았다.

④ 봄소풍을 간 곳에 꽃이 활짝 피어 _____ 가 아름다웠다.

⑤ 남산타워에서 바라본 서울의 _____ 은 굉장히 찬란했다.

중(中)
: 가운데

중간 (中間) – 두 사물이나 시간의 사이.
중심 (中心) – 사물이나 행동에서 매우 중요하고 기본이 되는 한가운데 부분.
중앙 (中央) – 사방의 중심이 되는 한가운데.
식중독 (食中毒) – 상한 음식 때문에 설사, 구토, 열 등이 생기는 병.

⑥ 우리나라 국가대표 양궁 선수가 쏜 화살이 과녁의 정_____ 을 맞혔다.

⑦ 책상과 책상 _____ 에 의자를 배치하였다.

⑧ 원은 _____ 에서 같은 거리에 있는 점을 연결한 도형이다.

⑨ 여름에는 날씨가 더워서 음식이 쉽게 상하므로 _____ 에 걸리지

않도록 조심해야 한다.

정답 p.240

기본 문제

1 다음은 소리가 같은 한자 '경'(輕, 景)에서 만들어진 어휘들입니다. 뜻이 다른 한자에서 만들어진 어휘들을 묶어서 써 보세요.

경공업 ｜ 경시 ｜ 경치 ｜ 경량 ｜ 경복궁 ｜ 배경 ｜ 풍경화

ㄱ 가볍다 **경(輕)**:

ㄴ 경치 **경(景)**:

2 다음은 소리가 같은 한자 '중'(重, 中)에서 만들어진 어휘들입니다. 뜻이 다른 한자에서 만들어진 어휘들을 묶어서 써 보세요.

중간 ｜ 중공업 ｜ 중시 ｜ 중학교 ｜ 중량 ｜ 식중독

ㄱ 무겁다 **중(重)**:

ㄴ 가운데 **중(中)**:

3 다음 어휘가 들어간 간단한 문장을 써 보세요.

중심:

배경:

식중독:

정답 p.240

직업과 사람을 나타내는 접미사

우리말에는 직업과 사람을 뜻하는 접미사가 많습니다. '-사(師, 士), -가(家), -자(者), -관(官), -원(員)'은 접미사로 낱말의 뒤에 붙어 직업과 사람을 뜻합니다.

접미사(接尾辭)

-사(師) : 접미사 -사(師)는 기술, 예술에 정통한 사람을 뜻합니다.

간호사, 사진사, 요리사, 미용사, 감별사, 이발사, 마술사

간호사 : 의사의 진료를 돕고 환자를 돌보는 일을 하는 사람.
사진사 : 사진 찍는 일을 직업으로 하는 사람.
요리사 : 요리를 전문으로 하는 사람.

-사(士) : 접미사 -사(士)는 전문적인 일에 종사하는 사람을 의미합니다.

변호사, 통역사, 회계사, 세무사, 변리사, 중개사, 관세사, 설계사, 항해사, 기관사, 정비사

변호사 : 나라에서 허가를 받아 법률에 관한 일을 다루는 사람.
통역사 : 한 언어에서 다른 언어로 뜻이 통하도록 말을 옮겨줄 자격을 가진 사람.
회계사 : 기업에서 돈이 들어오고 나가는 것을 계산하고 그와 관련된 일을 처리하는 사람.

-가(家) : 접미사 -가(家)는 전문적인 일을 하는 사람이나 직업을 뜻합니다.

탐험가, 모험가, 발명가, 예술가, 건축가, 정치가, 번역가, 작곡가, 음악가, 미술가

탐험가 : 위험을 무릅쓰고 어떤 곳을 찾아가서 살펴보고 조사하는 일을 하는 사람.
발명가 : 아직까지 없던 기술이나 물건을 새로 생각하여 만들어 내는 일을 하는 사람.
예술가 : 그림, 조각 등 예술품을 만들거나 표현하는 것을 직업으로 하는 사람.

-자(者) : 접미사 -자(者)도 그 일을 전문적으로 하는 사람을 뜻합니다.

과학자, 개발자, 연기자, 해설자, 기술자, 제작자

과학자 : 어떤 현상의 원리와 법칙을 발견하기 위해 자연을 전문적으로 탐구하는 사람.
연기자 : 영화나 연극 등에서 전문적으로 연기하는 사람.
프로그램 개발자 : 컴퓨터 언어로 사람들이 활용할 수 있는 프로그램을 설계하고 만드는 사람.

-관(官) : 접미사 −관(官)은 공공기관에서 일하는 사람을 의미합니다.

외교관, 경찰관, 소방관, 사무관, 법무관, 행정관

외교관 : 자기 나라의 지도자를 대신하여 외국과의 관계와 관련된 일을 맡아보는 사람.

경찰관 : 안전과 질서를 위해서 국민을 보호하고 범죄를 막는 일을 하는 사람.

소방관 : 불이 났을 때 불을 끄며, 사고가 났을 때 사람들을 구조하는 일을 하는 사람.

-원(員) : 접미사 −원(員)은 그 일을 직업으로 하는 사람의 의미를 더해 줍니다.

공무원, 연구원, 판매원, 상담원, 미화원, 집배원, 승무원, 경호원

공무원 : 국가나 지방 공공 단체에서 나랏일을 맡아보는 사람.

연구원 : 전문적인 분야를 깊이 있게 조사하고 생각하는 일을 하는 사람.

승무원 : 비행기, 기차, 배 등에서 승객의 안전과 여행을 위해 일하는 사람.

모국어 열쇠 활용 문제

다음 낱말에 접미사 '−사(師, 士), −가(家), −자(者), −관(官), −원(員)' 중에서 하나를 골라 붙여서 새 낱말을 만들어 보세요.

예술		승무	
회계		탐험	
개발		통역	
요리		외교	
경찰		변호	
공무		과학	

심화 문제

1 다음 표에 대립하는 한자어로 빈칸을 완성해 봅시다.

강풍	약풍
경량	
경공업	
	약자

경감	가중
	중시
강화	
강점	

2 다음 문장에 알맞은 단어를 골라서 동그라미를 그려 봅시다.

㉠ 약은 (약사 / 의사)에게 진료는 (약사 / 의사)에게.

㉡ (금수강산 / 한강)에 가서 유람선을 타고 놀았다.

㉢ 오늘이 벌써 11일이야? 이번 달도 벌써 (중순이 / 중부가) 되었구나!

㉣ 글을 읽다가 (중심 / 중간)에 모르는 단어가 나오면 저에게 물어보세요.

㉤ 전망대에는 (야경 / 배경)을 바라보며 사랑을 속삭이는 연인들이 많이 있었다.

㉥ (경복궁 / 운동장)은 조선 시대의 궁으로 관광 명소이다.

정답 p.240

3 다음 어휘들 중에서 2개 이상 고른 후 그 어휘들이 들어간 짧은 글을 써 보세요.

강점 | 약점 | 한강 | 약사 | 경시 | 중시 | 경치 | 중간 | 강화 | 약화

4 여러분은 지금까지 대립 어휘를 중심으로 학습을 했습니다. 공부를 시작하면서 1장에서 써 보았던 대립 어휘를 기억하시나요? 다음의 빈칸에 대립 어휘를 써 보세요. 그 동안 학습을 통해서 얼마나 여러분의 논리적인 사고가 향상되었는지 가족들과 토론해 보세요.

쌀		김치찌개	
손가락		오전	
팔		동물	
커피		택시	
팔꿈치		양말	
치약		추석	
손톱		바지	
여름		곱셈	
지우개		시골	

창의적
글쓰기 과제

② 강대국

내가 쓴 **창의적 글쓰기** 과제를 **온라인 사이트**에 올려서 공유하기

① 모공열 온라인 사이트(www.mogong10.com)에서 로그인합니다.
② '모공열 콘텐츠'에서 '모공열 글솜씨 자랑' 게시판으로 이동합니다.
③ 게시판 하단의 [글쓰기] 버튼을 클릭하여 글쓰기 창을 엽니다.
④ 학습 분류, 장, 주제를 선택한 후 글을 작성합니다.
⑤ [확인] 버튼을 눌러 자신의 글을 게시판에 올립니다.

핵심 어휘:

면적, 인구, 과학기술, 자원, 문화, 군사력, 무기, 수출, 수입, 남북통일, 한류

21세기의 강대국으로 분류되는 국가는 미국, 중국, 러시아, 영국, 독일, 프랑스, 일본입니다. 다음 표는 2014년을 기준으로 7대 강대국의 국토 면적, 인구, 군사력을 대한민국과 비교한 표입니다.

대한민국과 7대 강대국의 면적, 인구, 군사력 비교표

국가	국토 면적 (km^2)	인구 (명)	군사력
대한민국	9만 9720	4천 900만	세계 7위
미국	982만 6680	3억 2000만	세계 1위
중국	959만 6960	13억 5000만	세계 3위
독일	35만 7022	8천 100만	세계 8위
러시아	1709만 8200	1억 4000만	세계 2위
영국	24만 3610	6천 300만	세계 5위
프랑스	64만 3801	6천 600만	세계 6위
일본	37만 7915	1억 2700만	세계 9위

1 **21세기 강대국들과 비교해서 대한민국의 강점과 약점에 대해서 써 봅시다.**

2 대한민국이 미래에 강대국이 될지는 어른들의 역할도 중요하지만 성장하고 있는 청소년의 역할이 더 중요합니다. 미래에 대한민국이 강대국이 될 수 있을지에 대한 의견을 쓰고 그 이유를 써 보세요.

㉮ 대한민국이 미래에 강대국이 될 수 있다.

㉯ 대한민국이 미래에 강대국이 될 수 없다.

모국어가
공부의
열쇠다

모
공
열

www.mogong10.com

1단계

정답

1장 – 상하 고저

*같은 소리 다른 한자: 상(商), 하(河) (p. 18)
① 상점 ② 상인 ③ 상품 ④ 협상 ⑤ 상업 ⑥ 빙하 ⑦ 운하
⑧ 은하수 ⑨ 하천

*기본 문제 (p. 19)
문제 1.
㉠ 상급 상류 이상 ㉡ 상인 상품 상점
문제 2.
㉠ 은하수 운하 빙하 ㉡ 하급 하수도 하체 하류

*같은 소리 다른 한자: 고(古), 저(貯) (p. 24)
① 고금 ② 고전 ③ 복고 ④ 고대 ⑤ 고적 ⑥ 저금통 ⑦ 저장
⑧ 저축 ⑨저수지

*기본 문제 (p. 25)
문제 1.
㉠ 고지대 고온 고기압 ㉡ 고전 고대 고적
문제 2.
㉠ 저급 최저 저열량 ㉡ 저장 저금통 저축 저수지

*모국어 열쇠 활용 문제 (p. 27)

밤	낮	아침	저녁
왼팔	오른팔	손가락	발가락
소고기	돼지고기	책상	의자
육지	바다	가벼운	무거운
높다	낮다	죽	밥

*심화 문제 (pp. 28-29)
문제 1.

고위도	저위도	이상	이하
고기압	저기압	지상	지하
고급	저급	상류	하류
최고	최저	상위권	하위권

문제 2.
㉠ 최고, 최저 ㉡ 고전 ㉢ 지하 ㉣ 저축 ㉤ 복고 ㉥ 은하수
㉦ 저수지 ㉧ 상류

2장 – 동서 남북

*같은 소리 다른 한자: 동(童), 서(書) (p. 36)
① 동심 ② 동요 ③ 동시 ④ 동화 ⑤ 아동 ⑥ 서예 ⑦ 서점
⑧ 도서관 ⑨ 교과서

*기본 문제 (p. 37)
문제 1.
㉠ 동해 동부 동양 ㉡ 동요 아동 동화 동심
문제 2.
㉠ 서양 서양화 서독 ㉡ 서점 교과서 도서관

*같은 소리 다른 한자: 남(男), 남(藍) (p. 42)
① 남매 ② 장남 ③ 남아 ④ 남편 ⑤ 남획 ⑥ 범람 ⑦ 남용
⑧ 남발

*기본 문제 (p. 43)
문제 1.
㉠ 남극 남반구 남한 ㉡ 남아 남편 장남 ㉢ 남용 남발

*우리말의 대립 쌍 (p. 44)

물	불	밤	낮
비	눈	죽다	살다
이기다	지다	똥	오줌
자다	깨다	오다	가다

*모국어 열쇠 활용 문제 (p. 45)
① 똥오줌 ② 이기든 지든 ③ 자나 깨나 ④ 물불

*심화 문제 (pp. 46-47)
문제 1.

동해	서해	남반구	북반구
동양	서양	남극	북극
동풍	서풍	남한	북한

문제 2.
㉠ 장남 ㉡ 북반구 ㉢ 남편 ㉣ 동화를 ㉤ 도서관 ㉥ 남획
㉦ 범람 ㉧남매

문제 4.

러시아

몽골

중국

한국

일본

대만

태국

베트남

필리핀

말레이시아

인도네시아

3장 - 남녀 노소

*같은 소리 다른 한자: 여(如), 여(餘) (p. 54)

① 여전 ② 여하 ③ 여차 ④ 결여 ⑤ 여지 ⑥ 여유 ⑦ 여분
⑧ 여백 ⑨ 여력

*기본 문제 (p. 55)

문제 1.

㉠ 여자 장녀 여성 ㉡ 여차 여하 여전 결여 ㉢ 여백 여분 여유

*같은 소리 다른 한자: 로(路), 소(素) (p. 60)

① 가로등 ② 도로 ③ 통로 ④ 노선 ⑤ 활주로 ⑥ 요소 ⑦ 평소
⑧ 검소 ⑨ 소재

*기본 문제 (p. 61)

문제 1.

㉠ 노인 노약자 노년기 ㉡ 도로 가로등 노선

문제 2.

㉠ 소년 다소 소수 ㉡ 소재 검소 평소

*모국어 열쇠 활용 문제 (p. 63)

가다	오다	넓다	좁다
높은	낮은	남한	북한
아침	저녁	동해	서해
위	아래	밤	낮
앞	뒤	안쪽	바깥쪽

*심화 문제 (pp. 64-65)

문제 1.

남자	여자	노년기	청소년기
장남	장녀	노인	소년/소녀
미남	미녀	남성	여성

문제 2.

㉠ 노약자석 ㉡ 경로당 ㉢ 청소년 ㉣ 장남 ㉤ 소재 ㉥ 평소
㉦ 검소한 ㉧ 가로등 ㉨ 도로 ㉩ 노선

4장 - 부모 형제자매

*같은 소리 다른 한자: 부(否), 모(模) (p. 72)

① 안부 ② 거부 ③ 부정 ④ 부인 ⑤ 규모 ⑥ 모방 ⑦ 모범생
⑧ 모양

*기본 문제 (p. 73)

문제 1.

㉠ 부모 조부 친부 ㉡ 거부 안부 부정

문제 2.

㉠ 부모 모성애 계모 ㉡ 모방 모창 모범

*같은 소리 다른 한자: 형(型), 제(題) (p. 78)

① 전형적 ② 소형 ③ 대형 ④ 모형 ⑤ 주제 ⑥ 제목 ⑦ 문제
⑧ 숙제

*기본 문제 (p. 79)

문제 1.

㉠ 형제 형수 매형 ㉡ 모형 대형 소형

문제 2.

㉠ 처제 형제 제수 ㉡ 주제 제목 문제 숙제

*모국어 열쇠 활용 문제 (p. 81)
① 한국어 ② 한글 ③ 한국어 ④ 한글 ⑤ 한글 ⑥ 한국어

*심화 문제 (pp. 82-83)
문제 2.
㉠ 모창 ㉡ 모방 ㉢ 안부 ㉣ 대형 ㉤ 주제 ㉥ 전형적

5장 - 생사 유무

*같은 소리 다른 한자: 사(事), 사(士) (p. 90)
① 사례 ② 사고 ③ 사실 ④ 사건 ⑤ 병사 ⑥ 석사 ⑦ 학사
⑧ 기사 ⑨박사

*기본 문제 (p. 91)
문제 1.
㉠ 사후 사망 ㉡ 사례 사실 사건 ㉢ 기사 박사 병사

*같은 소리 다른 한자: 유/류(流), 무(武) (p. 96)
① 유행 ② 교류 ③ 표류 ④ 유출 ⑤ 급류 ⑥ 무장 ⑦ 무기
⑧ 무력 ⑨무술

*기본 문제 (p. 97)
문제 1.
㉠ 유한 유명 유료 유인   ㉡ 표류 급류 유출 유행
문제 2.
㉠ 무명 무료 무한 ㉡ 무장 무기 무술

*모국어 열쇠 활용 문제 (p. 99)
문제 1.
㉠ 모국어 ㉡ 외국어 ㉢ 공용어
문제 2.

한국	한국어	호주	영어
일본	일본어	미국	영어
영국	영어	이탈리아	이탈리아어
브라질	포르투갈어	독일	독일어
핀란드	핀란드어	프랑스	프랑스어
캐나다	영어	중국	중국어
아르헨티나	스페인어	러시아	러시아어

*심화 문제 (pp. 100-101)
문제 1.

유죄	무죄	전생	사후
생존자	사망자	유인	무인
생존	사망	유료	무료
유한	무한	유명	무명

문제 2.
㉠ 무술 ㉡ 급류 ㉢ 합류 ㉣ 박사 ㉤ 사실 ㉥ 유출

6장 - 대소 다소

*같은 소리 다른 한자: 대(代), 소(所) (p. 108)
① 현대 ② 대신 ③ 시대 ④ 대표 ⑤ 소중 ⑥ 소문 ⑦ 주소
⑧ 소원 ⑨ 장소

*기본 문제 (p. 109)
문제 1.
㉠ 대인, 최대, 강대국 ㉡ 대신, 현대, 시대, 대표
문제 2.
㉠ 최소 소형 축소 ㉡ 장소 소원 주소

*같은 소리 다른 한자: 다(茶), 소(笑) (p. 114)
① 다과 ② 다도 ③ 다방 ④ 다반사 ⑤ 냉소 ⑥ 조소 ⑦ 미소
⑧ 박장대소

*기본 문제 (p. 115)
문제 1.
㉠ 다수 최다 다소 ㉡ 다방 다도 다반사
문제 2.
㉠ 최소 소량 소수 ㉡ 조소 냉소 미소

*모국어 열쇠 활용 문제 (p. 117)
고유어: 소리 가을 눈
한자어: 냉면 동물 생명 체험
외래어: 커피 게임 컴퓨터

*심화 문제 (pp. 118–119)

문제 1.

다수	소수	최대	최소
대량	소량	다수자	소수자
최다	최소	다수자의 언어	소수자의 언어
강대국	약소국	최댓값	최솟값

문제 2.

㉠ 대식가 ㉡ 대가족 ㉢ 다민족 ㉣ 다수파 ㉤ 과대 ㉥ 다세대
㉦ 강소국

7장 – 일이 장단

*같은 소리 다른 한자: 일(日), 이(耳) (p. 128)

① 일기 ② 종일 ③ 일출 ④ 국경일 ⑤ 이비인후과 ⑥ 이목
⑦ 이목구비 ⑧ 이명

*기본 문제 (p. 129)

문제 1.

㉠ 일학년 일등급 일차선 ㉡ 일기 국경일 일출

문제 2.

㉠ 이등석 이인용 이등급 ㉡ 이목 이비인후과 이명

*같은 소리 다른 한자: 장(場), 단(段) (p. 134)

① 공장 ② 시장 ③ 운동장 ④ 장소 ⑤ 등장 ⑥ 광장 ⑦ 계단
⑧ 문단 ⑨ 구구단 ⑩ 단계

*기본 문제 (p. 135)

문제 1.

㉠ 장신 장거리 장점 ㉡ 등장 시장 장면

문제 2.

㉠ 단기 단축 단점 ㉡ 계단 구구단 문단

*대립 어휘 쓰기 (p. 136)

춥다	덥다	크다	작다
맑다	흐리다	길다	짧다
밝다	어둡다	높다	낮다
쉽다	어렵다	빠르다	느리다
넓다	좁다	묽다	진하다
굵다	가늘다	무르다	단단하다
두껍다	얇다	검다	희다
가깝다	멀다	낡다	새롭다
많다	적다	좋다	나쁘다

*모국어 열쇠 활용 문제 (p. 137)

춥다	추운 날씨	크다	큰 인형
좁다	좁은 골목	넓다	넓은 운동장
춥다	추운 겨울	덥다	더운 여름
맑다	맑은 하천	더럽다	더러운 강
낮다	낮은 언덕	높다	높은 산
크다	큰 규모	작다	작은 자동차
느리다	느린 걸음	빠르다	빠른 제안
새롭다	새로운 제안	낡다	낡은 구두
얇다	얇은 종이	두껍다	두꺼운 책
가볍다	가벼운 베개	무겁다	무거운 가방

*심화 문제 (pp. 138–139)

문제 1.

일인용	이인용	장거리	단거리
장거리	단거리	장기	단기
일등급	이등급	장신	단신
일차선	이차선	장시간	단시간

문제 2.

㉠ 장점 ㉡ 등장 ㉢ 이목 ㉣ 일인용 ㉤ 일출 ㉥ 광장 ㉦ 공장

8장 – 전후 좌우

*같은 소리 다른 한자: 전(電), 전(全) (p. 146)
① 전철 ② 건전지 ③ 전화 ④ 전기 ⑤ 전체 ⑥ 전지전능
⑦ 불완전 ⑧ 전문

*기본 문제 (p. 147)
문제 1.
㉠ 전반전 오전 ㉡ 전송 전철 전화 ㉢ 전체 불완전 전지전능

*같은 소리 다른 한자: 좌(座), 우(友) (p. 152)
① 좌석 ② 좌우명 ③ 계좌 ④ 좌담회 ⑤ 죽마고우 ⑥ 우방
⑦ 우호적 ⑧ 우정 ⑨ 우애

*기본 문제 (p. 153)
문제 1.
㉠ 좌측 좌향좌 좌파 좌뇌 ㉡ 좌석 계좌 좌우명
문제 2.
㉠ 우타석 우완 투수 우측통행
㉡ 우애 죽마고우 우정 우호적 우방

*대립 어휘 쓰기 (p. 154)

걷다	뛰다	열다	닫다
켜다	끄다	더하다	빼다
살다	죽다	서다	앉다
매다	풀다	자다	깨다
지우다	쓰다	팔다	사다
들어가다	나오다	좋아하다	싫어하다
때리다	맞다	입다	벗다
던지다	받다	헤어지다	만나다
접다	펴다	올리다	내리다

*모국어 열쇠 활용 문제 (p. 155)

자다	잤다	먹다	먹었다
입다	입었다	벗다	벗었다
빼다	뺐다	더하다	더했다
걷다	걸었다	뛰다	뛰었다
닫다	닫았다	열다	열었다
가다	갔다	오다	왔다
듣다	들었다	적다	적었다
끄다	껐다	켜다	켰다
쓰다	썼다	크다	컸다
서두르다	서둘렀다	머뭇거리다	머뭇거렸다
누르다	눌렀다	튀다	튀었다
흐르다	흘렀다	멈추다	멈췄다

*심화 문제 (pp. 156–157)
문제 1.

이전	이후	좌회전	우회전
전기	후기	좌측	우측
오전	오후	좌완 투수	우완 투수
전반전	후반전	좌향좌	우향우
좌뇌	우뇌	좌측통행	우측통행

문제 2.
㉠ 우애는 ㉡ 죽마고우 ㉢ 좌담회 ㉣ 계좌 ㉤ 호우 ㉥ 건전지
㉦ 우호적인

9장 – 내외 입출

*같은 소리 다른 한자: 외(外), 외- (p. 164)
① 외래어 ② 외계인 ③ 외국어 ④ 외식
⑤ 외숙모 ⑥ 외가 ⑦ 외삼촌
⑧ 외나무다리 ⑨ 외고집

*기본 문제 (p. 165)
문제 1.
㉠ 외계인 외국 외식 외모
㉡ 외갓집 외사촌 외할머니 외할아버지 외삼촌
㉢ 외나무다리 외갈래길 외아들 외고집

문제 2.

실내	실외		내부	외부
교내 행사	교외 행사		실내 연주	실외 연주
체내	체외		내국인	외국인

*같은 소리 다른 한자: 입(立) (p. 170)

① 국립 ② 대립 ③ 입장 ④ 독립 ⑤ 자립 ⑥ 기립 ⑦ 고립 ⑧ 입석

*기본 문제 (p. 171)

문제 1.

㉠ 입국 입력 수입 입구 ㉡ 자립 독립 고립 입석

문제 2.

입구	출구		입력	출력
출국	입국		밀수입	밀수출
수입품	수출품		진입로	진출로

*모국어 열쇠 활용 문제 (p. 173)

문자	대문자		여름	한여름
며느리	맏며느리		사마귀	왕사마귀
목적	다목적		밤중	한밤중
아들	맏아들		문화	다문화
만두	왕만두		가지	한가지

*심화 문제 (pp. 174-175)

문제 1.

내국인	외국인		입력	출력
내부	외부		입구	출구
예금 입금	예금 출금		실내	실외

문제 2.

㉠ 독립 ㉡ 외출 ㉢ 외갓집 ㉣ 입장 ㉤ 외국인 ㉥ 입석 ㉦ 국립 ◎ 대립

10장 - 춘추 하동

*같은 소리 다른 한자: 추(追), 추(醜) (p. 182)

① 추신 ② 추적 ③ 추억 ④ 추가 ⑤ 추월 ⑥ 미추 ⑦ 추잡 ⑧ 추문

*기본 문제 (p. 183)

문제 1.

㉠ 춘추복 입추 춘하추동 ㉡ 추적 추가 추신 ㉢ 추문 추잡

*같은 소리 다른 한자: 하(賀), 동(同) (p. 188)

① 연하장 ② 근하신년 ③ 치하 ④ 하객 ⑤ 축하 ⑥ 동행 ⑦ 동의 ⑧ 동시 ⑨ 공동

*기본 문제 (p. 189)

문제 1.

㉠ 하계 입하 하복 ㉡ 축하 근하신년 하객 연하장

문제 2.

㉠ 동복 동계 올림픽 ㉡ 동의 공동 동시

*모국어 열쇠 활용 문제 (p. 191)

가을	첫가을/초가을		무당	선무당
주검	초주검		나물	풋나물
능력	초능력		사과	풋사과
사랑	첫사랑/풋사랑		잠	선잠
인상	첫인상		걸음	첫걸음
음속	초음속		과일	풋과일

*심화 문제 (pp. 192-193)

문제 1.

㉠ 공동 ㉡ 치하 ㉢ 추월 ㉣ 추신 ㉤ 하계

문제 2.

㉠ 추월 ㉡ 추적 ㉢ 동의 ㉣ 하복 ㉤ 공동 ㉥ 추신

11장 – 일월 신구

같은 소리 다른 한자: 일(逸), 월(越) (p. 200)

① 무사안일 ② 일탈 ③ 일화 ④ 안일 ⑤ 탁월 ⑥ 추월
⑦ 우월 ⑧ 월등 ⑨ 초월

기본 문제 (p. 201)

문제 1.
㉠ 일식 일별 일요일 ㉡ 일탈 안일 일화
문제 2.
㉠ 월식 월별 월요일 ㉡ 초월 추월 우월

같은 소리 다른 한자: 신(身), 구(球) (p. 206)

① 신분 ② 자신 ③ 신장 ④ 신체 ⑤ 지구 ⑥ 적혈구
⑦ 농구 ⑧ 축구

기본 문제 (p. 207)

문제 1.
㉠ 신대륙 신세대 신제도 ㉡ 신장 신체 신분 자신
문제 2.
㉠ 구정 구세대 구대륙 ㉡ 축구 농구 지구 적혈구

모국어 열쇠 활용 문제 (p. 209)

독립	독립국	문화	문화권
교무	교무실	지구	지구촌
동맹	동맹국	양호	양호실
난민	난민촌	운동	운동장
거주	거주지	대기	대기권

심화 문제 (pp. 210-211)

문제 1.

신대륙	구대륙	신세대	구세대
신정	구정	일요일	월요일
일식	월식	일별	월별

문제 2.
㉠ 약속 ㉡ 승강기 ㉢ 지구 절약 ㉣ 강설량

12장 – 강약 경중

같은 소리 다른 한자: 강(江), 약(藥) (p. 218)

① 압록강 ② 금수강산 ③ 한강 ④ 두만강 ⑤ 낙동강 ⑥ 약사
⑦ 한약 ⑧ 약국

기본 문제 (p. 219)

문제 1.
㉠ 강자 강대국 강점 강화 ㉡한강 금수강산
문제 2.
㉠ 약소국 약화 약자 ㉡ 약사 한약 약국

같은 소리 다른 한자: 경(景), 중(中) (p. 224)

① 배경 ② 경복궁 ③ 풍경화 ④ 경치 ⑤ 야경 ⑥ 중앙
⑦ 중간 ⑧ 중심 ⑨ 식중독

기본 문제 (p. 225)

문제 1.
㉠ 경공업 경시 경량 ㉡ 경치 경복궁 배경 풍경화
문제 2.
㉠ 중공업 중시 중량 ㉡ 중간 중학교 식중독

모국어 열쇠 활용 문제 (p. 227)

예술	예술가	승무	승무원
회계	회계사	탐험	탐험가
개발	개발자	통역	통역사
요리	요리사	외교	외교관
경찰	경찰관	변호	변호사
공무	공무원	과학	과학자

심화 문제 (pp. 228-229)

문제 1.

강풍	약풍	경감	가중
경량	중량	경시	중시
경공업	중공업	강화	약화
강자	약자	강점	약점

문제 2.
㉠ 약사, 의사 ㉡ 한강 ㉢ 중순이 ㉣ 중간 ㉤ 야경 ㉥ 경복궁